Wiener Literaturschauplätze

Auf den Spuren großer Namen

Anna Lindner

metro

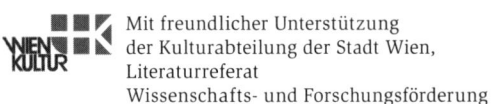 Mit freundlicher Unterstützung
der Kulturabteilung der Stadt Wien,
Literaturreferat
Wissenschafts- und Forschungsförderung

© 2008 metro – verlagsbüro w. gmbh
www.metroverlag.at
info@metroverlag.at
alle rechte vorbehalten
gesamtherstellung: cpi moravia books gmbh
printed in the EU
isbn   978-3-902517-19-7

Inhalt

Verwortete Orte
Vorwort der Autorin

W as sind „Wiener Literaturschauplätze"? Schauplätze einer Romanhandlung, eines Dramas? Lokaler Inspirationsimpuls für ein Gedicht? Oder sind Literaturschauplätze auch, wo Literatur geschaffen wird? Wo Schriftsteller leben? Wo Literatur gelesen wird?

Die folgenden 55 Orte sollen zeigen: Das alles und viel mehr. Denn die Literatur hat eine Spur in Wien hinterlassen und Wien in der Literatur.

Die Arbeitsumgebung des Schriftstellers kann das Werk beeinflusst haben, oder wo er aufgewachsen ist. Umgekehrt wirkt die Anwesenheit von Literaten auf ihre Aufenthaltsorte... Bloßer Hintergrund einer spannenden Geschichte kann ein Romanschauplatz ebenso sein, wie ein Komplement zur Charakterzeichnung der Protagonisten... Von Peter Altenberg bis Stefan Zweig – die Autoren, die Wiener Orte zu Literaturschauplätzen gemacht haben, sind zahlreich. Und auch nicht-österreichische Autoren ließen sich von und in Wien inspirieren. Noch zahlreicher sind die Literaturschauplätze selbst: Sie reichen vom Arsenal bis zum Zentralfriedhof. Die hier vorgestellten Orte können keine vollständige Liste Wiener Literaturschauplätze darstellen. Vielmehr sollen sie die vielen Facetten Wiens in der Literatur und der Literatur in Wien aufzeigen. Und natürlich: Lust machen auf Lektüre und literarische Spaziergänge!

Annia Lindner

err General,' sagt er ‚Sie wollen wissen, wieso ich jedes Buch kenne? Das kann ich Ihnen nun allerdings sagen: Weil ich keines lese!' [...] Es ist das Geheimnis aller guten Bibliothekare, daß sie von der ihnen anvertrauten Literatur niemals mehr als die Büchertitel und das Inhaltsverzeichnis lesen. ‚Wer sich auf den Inhalt einläßt, ist als Bibliothekar verloren!' hat er mich belehrt."

Ob es sich wirklich so verhält, wie General Stumm von Bordwehr dem Mann ohne Eigenschaften aus Robert Musils gleichnamigem Roman (siehe Seite 50) auseinander setzt? Ganz unrichtig kann es nicht sein. Denn wer könnte schon alle sieben Millionen Bände lesen, die der Bestand der Österreichischen Nationalbibliothek umfasst? Auch wenn es zur Zeit der Handlung des Romans noch weniger waren. Damals – 1913 – hieß sie auch noch k.u.k.

Wo alle Bücher sind

Österreichische Nationalbibliothek

I., Josefsplatz 1 bzw. Heldenplatz, Mitteltor
Tel. 534 10-247
www.onb.ac.at
U2, U3 Volkstheater

Hofbibliothek. Die Geschichte der größten Bibliothek Österreichs geht schon bis ins Mittelalter zurück: Ein im Jahr 1368 für Albrecht III. verfertigtes Evangelium ist das älteste Buch in ihrem Besitz. Im Laufe der Jahrhunderte wuchs der Schatz an Prachtbänden, die Herrscher und Gelehrte zusammentrugen, ererbten oder selbst in Auftrag gaben. So birgt die ÖNB eine bedeutende Sammlung von Inkunabeln (frühe Drucke), in der sich sogar eine Gutenberg-Bibel aus dem Jahr 1454 befindet.

1722 ließ Karl VI. schließlich die Hofbibliothek mit ihrem barocken Prunksaal errichten. Im 19. Jahrhundert etablierte sie sich als die wissenschaftliche Institution, die sie noch heute ist. Aber unter den Millionen Büchern, Drucken, Handschriften, Kodizes... sind natürlich nicht nur wissenschaftliche Publikationen: Neben den wertvollen alten Bänden, die teilweise im Prunksaal-Museum besichtigt werden können – ein Muss für Bibliophile! – , gibt es ebenso Belletristik, Zeitungen und Zeitschriften, die im neu renovierten Lesesaal (Zugang via Heldenplatz, Mitteltor) gelesen werden können. Abteilungen mit unterschiedlichen Schwerpunkten, wie die Papyrussammlung, das Karten- und Globenmuseum oder die Esperantosammlung, bieten Einblicke in ungewöhnliche Aspekte der Schrift- und Sprach-, Druck- und Literaturgeschichte. Aufgrund des Pflichtexemplar-Gesetzes – ein Exemplar jeder österreichischen Veröffentlichung muss ihr überlassen werden – ist die ÖNB auch Sammelstelle österreichischer Literatur und Schriftums.‹

Eine Besonderheit und sehr interessant für Liebhaber österreichischer Literatur ist die Handschriften- und Autographensammlung. Sie beherbergt Aufzeichnungen, Notizen und Manuskripte vieler Autoren, u.a. den Nachlass des eingangs zitierten Robert Musil.

Niedere Häuser, Kopfsteinpflaster, steil und leicht gewunden, in unmittelbarer Nähe der Ruprechtskirche gelegen: Die Seitenstettengasse versprüht echtes Altstadt-Flair. Wären da nicht zig Bars und Beisln... An Wochenenden sind die Straßen voll und die Lokale gefüllt. Alkohol- und Lautstärkepegel beeinflussen sich gegenseitig zu immer höherem Stand... Richtig, hier ist das „Bermuda-Dreieck". Mitte des 19. Jahrhunderts war von alldem noch nichts zu ahnen – auch der Luftraum über den namensgebenden Karibikinseln hatte sich noch nicht als flugzeugverschluckend gezeigt.

Als es dunkel wurde ...

Sonnenfinsternis in der Wiener Karibik

Gedenktafel
I., Seitenstettengasse 2
U1, U4 Schwedenplatz

Dafür hielt ein anderes Himmelsphänomen – gleichermaßen erklärlicher wie beeindruckender – die Wiener in Atem: Für den 8. Juli 1842 war eine totale Sonnenfinsternis vorausgesagt. Auch Adalbert Stifter, der zu dieser Zeit in der Seitenstettengasse im heutigen Haus Nr. 2 wohnte, ließ sich das Ereignis nicht entgehen: „Ich stieg um fünf Uhr auf die Warte des Hauses Nr. 495 in der Stadt, von wo aus man die Übersicht nicht nur über die ganze Stadt hat, sonder auch über das Land um dieselbe bis zu dem fernsten Horizonte, an dem die ungarischen Berge wie zarte Luftbilder dämmern." Die Sonnenfinsternis hat einen solchen Eindruck hinterlassen, dass ihr Stifter einen prägnanten, emphatischen Text gewidmet hat. Eindringlich beschreibt er in dem schlicht „Die Sonnenfinsternis am 8. July 1842" betitelten Prosa-Stück, wie sich der Mond vor die Sonne schiebt. „Ein lastend unheimliches Entfremden" bringt die heraufziehende Dunkelheit: „...das Phantom der Stephanskirche hing in der Luft, die andere Stadt war ein Schatten, alles Rasseln hatte aufgehört, über der Brücke war keine Bewegung mehr; denn jeder Wagen und Reiter stand, und jedes Auge schaute zum Himmel." Was nun folgt, kommt einem mysthischen Erlebnis nahe: In einer „namenlos tragische[n] Musik von Farben und Lichtern, die durch den ganzen Himmel liegt", offenbart sich für Stifter Gottes Herrlichkeit. Nur wenige Minuten dauert die Eklipse, schnell erwachen die Menschen aus ihrem verzückten Zustand. Heute erinnert eine Gedenktafel an die Sonnenfinsternis und deren „unverlöschlichen Eindruck" auf den 1868 in Linz verstorbenen Schriftsteller.◀

Weniger bekannt als Stifters literarisches Werk, sind seine Versuche als Maler. Seine Bedeutung als bildender Künstler ist mit der als Schriftsteller nicht zu vergleichen, im Belvedere, III., Prinz Eugen-Str. 27, sind dennoch einige seiner Bilder zu besichtigen. Weitere Informationen unter Tel. 79 557 0 und www.belvedere.at.

Herbst 1896. Im Zuge der Neugestaltung der Wiener Innenstadt, soll auch der Michaelerplatz vor der Hofburg gröberen Umbaumaßnahmen unterworfen werden. Ebenfalls betroffen: Das Café Griensteidl – Treffpunkt Intellektueller und Kunstinteressierter und solcher, die sich dafür halten, Stammcafé des Literaten-Kreises um Hermann Bahr. Hier verkehren die Dichter des „Jungen Wien", von Hoffmannsthal bis Schnitzler. Auch Karl Kraus hatte zu den häufigen Gästen des Griensteidl gehört, dann aber zusammen mit Peter Altenberg (siehe Seite 16) seinen „Arbeitsplatz" ins Café Central verlegt. Der bevorstehende Abriss des Gebäudes am Michaelerplatz lieferte ihm den Anlass zu der berühmt gewordenen Satire auf seine ehemaligen Kaffeehauskollegen: „Die demolirte Literatur". Vordergründig beklagt er ironisch die Demolierung des „ehrwürdig[n] Café Griensteidl: „Unsere Literatur sieht einer Periode der Obdachlosigkeit entgegen...". Freilich zielt sein Pamphlet auf die „demolirte Literatur" selbst, auf die ästhetizistische Haltung der Jung-Wien-Schriftsteller. So bezieht sich die böse pointierte Beschreibung eines 19-jährigen Dichters („Er ging daran, ein Fragment zu schreiben, [...] seine Manuskripte für den Nachlass vorzubereiten.") auf Hugo von Hoffmannsthal.

„Die demolirte Literatur" wurde 1897 kurz vor der Schließung des Griensteidl publiziert. Ein Gutteil der Wiener Literaturschaffenden dürfte brüskiert gewesen sein... Allen voran war es wohl Felix Salten (siehe Seite 38). Ihm hatte

Arbeits-
platzverlust

Karl Kraus und
„Die demolirte Literatur"

Café Griensteidl
Tel. 535 26 92-0
I., Michaelerplatz 2
U3 Herrengasse

Kraus, neben Unbildung, die fast alle genossen hätten, außerdem attestiert: „Die Verwechslung des Dativs mit dem Accusativ gelingt ihm noch immer mit unverminderter Jugendfrische." Für seine Revanche brauchte er dann auch weniger Grammatik: Es taten ein paar Watschen. Ausgerechnet im Café Griensteidl, denn Kraus hatte es sich nicht nehmen lassen, zum Abschiedsfest zu erscheinen.

Heute befindet sich am selben Ort das „neue" Café Griensteidl, das im Jahr 1900 eröffnet wurde. Das Flair wird allerdings weniger von polemisierenden Schriftstellern, als hauptsächlich von Touristen und Hofburg-Besuchern geprägt.◄

Wegen seiner schlichten Fassade wurde das Gebäude gleich neben dem Café Griensteidl als „Haus ohne Augenbrauen" bekannt. Errichtet wurde es 1909 nach Plänen von Adolf Loos. Loos war sehr eng mit Karl Kraus befreundet und selbst ein begabter Feuilletonist, der seinen Kampf gegen schlechten Stil nicht nur in der Architektur führte, sondern auch in pointierten Texten zu Papier brachte.

Buchtipp: Warum ein Mann gut angezogen sein soll. Metroverlag 2007

Es zog sie nicht weit fort, als Karl Kraus (siehe Seite 48) und Peter Altenberg das Café Griensteidl als Stammlokal aufgaben. Ihr neuer „Arbeitsplatz" lag nur ein paar hundert Meter weiter: Das Café Central. Schon bald sollten ihnen die „Griensteidler" folgen, kein Wunder also, dass das Central als Inbegriff des Wiener Literatenkaffehauses gilt!

Aber kaum ein anderer wird soviel Zeit hier verbracht haben, wie der 1859 geborene Peter Altenberg: Er gab das Central sogar teilweise als seine Adresse an (eine eigene Wohnung hat der ewige Hotelgast nie gehabt). Und wenn man ihn gerade nicht antraf, konnte er nur am Flanieren sein durch die Stadt, den Prater... Denn Altenberg war ärztlich bestätigt worden, dass er unter einer „Überempfindlichkeit des Nervensystems" leide und deshalb keinem Beruf nachgehen könne. Aber er arbeitete doch: An seinem Stammschreibtisch im Central verfasste er kleine oft aphoristische, fast immer ironische Texte über Impressionen, die er von seinen Spaziergängen mitbrachte oder pointierte Reflexionen über Banales wie Bewegendes... Wenn nicht gerade eine hitzige Diskussion im Gange war oder sich eine andere Ablenkung bot, deren es im Kaffeehaus so viele sind. Natürlich hielt Altenberg auch die Eindrücke dieses Café-Alltags in seinen Prosaskizzen fest – ob er nun über ein „Nachtcafé" schreibt oder gleich „Regeln für meinen Stammtisch" aufstellt. In der ihm eigenen Mischung aus schrulligem Sarkasmus, granteln-

Stammtisch der Literatur

Peter Altenberg im Café Central

Café Central
I., Herrengasse 14, Ecke Strauchgasse
Tel. 533 37 64-26
www.palaisevents.at
U3 Herrengasse

dem Witz und Sinn für Unsinn schreibt er da: „Das Nägleschneiden bei Tische ist verboten [...] Politische Gespräche haben über die Phrase: ‚Ich glaube in Amerika brandelts nicht hinauszugehen! [...] Gespräche allgemeiner Natur müssen eine perfid versteckte Spitze gegen irgend jemanden an unserem Stammtische besitzen." Sein kurzer Text „Kaffeehaus", lässt sich als autobiografische Reflexion ebenso lesen wie als prägnanteste Definition dieser innigsten Beziehung des Wieners: „ Du hast Sorgen, sei es diese, sei es jene – ins Kaffeehaus! [...] Du hast zerrissene Stiefel – Kaffehaus! Du hast 400 Kronen Gehalt und gibst 500 aus – Kaffehaus! [...] Du haßt und verachtest die Menschen und kannst sie dennoch nicht missen – Kaffehaus!" Im Café Central sitzt Altenberg auch fast 90 Jahre nach seinem Tod – als Pappmachéfigur.◄

Peter Altenberg wohnte von 1913 bis zu seinem Tod 1919 im Graben Hotel, I., Dorotheergasse 3. Sein Zimmer (Nr. 51) dekorierte er mit Postkarten aus seiner legendären Sammlung (10.000 Stück soll er besessen haben). Eine Gedenktafel erinnert an den Dauergast, wie auch an zwei andere Literaten, die zeitweilig im Graben Hotel wohnten: Franz Kafka und Max Brod.

Literarische Salons sind für die Wiener Moderne wohl ebenso charakteristisch wie literarische Kaffeehäuser. In den Salons wurde gelesen und diskutiert, vor allem aber wurden Kontakte geknüpft. Eine frühe Form des Lobbying, alles aber für die hehre Kunst: Die Salondamen machten aufstrebende Maler mit arrivierten bekannt, junge Schriftsteller mit Verlegern, initiierten Zusammenarbeiten von Musikern und anderen Künstlern... Oder stifteten Ehen, wie jene zwischen Alma Schindler (siehe Seite 100) und Gustav Mahler. Der Komponist lernte seine spätere Ehefrau im Salon von Bertha Zuckerkandl-Szeps kennen. 1864 als Tochter des Herausgebers des liberalen „Neuen Wiener Tagblatts" Moritz Szeps geboren, arbeitete Bertha Szeps

Literatur-Lobby

Bertha Zuckerkandls Salon

Gedenktafel am Palais Lieben-Auspitz
I., Oppolzergasse 6
U2 Schottenring

als Journalistin. Sie verfasste Kolumnen zu Kunst und Literatur, beschäftigte sich aber auch mit Politik. 1889 heiratete sie den Anatom Emil Zuckerkandl. Wie schon ihre Mutter eröffnete Bertha Zuckerkandl-Szeps einen Salon. Zunächst befand er sich in ihrer Villa in Döbling, dann zog das Ehepaar in eine große Wohnung im Palais Lieben-Auspitz in der Inneren Stadt. Eine Gedenktafel erinnert daran, dass hier Kunst- und Literaturgeschichte geschrieben wurde: Gustav Klimt verkehrte im Zuckerkandlschen Salon, Zuckerkandl unterstützte die Gründung der Secession. Ebenso die der Salzburger Festspiele – Max Reinhardt war ihr Gast und die erste Lesung aus Hoffmannsthals „Jedermann" fand bei ihr statt. Überhaupt pflegte sie Kontakte zu den Dichtern des „Jungen Wien": Arthur Schnitzler (siehe Seite 36) war ihr Gast, und

Hermann Bahrs erster Besuch nach einem dreijährigen Paris-Aufenthalt galt ihr, damit sie ihm „ein paar Marksteine" zeige, sprich: ihn, was das Wiener Geistesleben anging, update. Auch Stefan Zweig und Franz Werfel schätzten den Salon in der Oppolzergasse. In „Österreich intim" und „Ich erlebte 50 Jahre Weltgeschichte" hat Bertha Zuckerkandl ihre Erinnerungen an die Epoche, die sie mitgeprägt hat, festgehalten. Wie so vieles geht diese 1938 zu Ende. Inzwischen 74, muss Bertha Zuckerkandl nach Paris emigrieren, später geht sie nach Algier. 1945 kehrt sie nach Paris zurück, stirbt aber bald darauf.◀

„Wenn ich mich vorbeugte, blickte ich auf das Burgtheater, den protzigen überladenen Bau der eklektischen Kunstepoche aus der fransico-josephinischen Ära," schreibt Bertha Zuckerkandl-Szeps über den Ausblick aus ihrer Wohnung. *Die Nähe zum Burgtheater erweist sich als günstig: Zuckerkandl-Szeps wird Burgtheater-Kritikerin der „Wiener Allgemeinen Zeitung". Vor ihr hatte Felix Salten (siehe Seite 38) diesen Posten innegehabt.*

"Der alte Stiassny gähnte", sei der beste erste Satz, den er kenne, befand Karl Kraus über Gina Kaus' Roman „Die Front des Lebens". 1893 in Wien geboren, durch den Ersten Weltkrieg verwitwet, wurde Gina Kaus 1915 die heimliche Geliebte und offizielle Tochter des Fianziers Josef Kranz. So konnte sie in einer Zeit, als der Krieg die Wirtschaft zusammenbrechen ließ, ein sorgenloses Leben im Palais Kranz in der Liechtensteinstraße (Nr. 53) führen. Ihre Nachmittage aber verbrachte Gina Kaus woanders:

Dame im Herrenhof

Gina Kaus und die
bedeutenden Männer

Café Herrenhof (ehem.)
I., Herrengasse 10
U3 Herrengasse

„Mein Lebensinhalt war zu dieser Zeit der Kreis, der sich um Blei gebildet hatte. Ich ging, wann immer ich konnte, zu ihnen, ins Café Herrenhof", heißt es in ihren Memoiren. Franz Blei war aus Berlin gekommen, im Herrenhof versammelte er nun die Größen der Wiener Literatur um sich. Eine anregende Atmosphäre. Auch Gina Kaus begann zu schreiben, 1917 erhielt sie für ihre erste umfangreichere Arbeit, die Novelle „Der Aufstieg" den Fontane-Preis (in dessen Jury saß allerdings Franz Blei). Von nun an verfasste sie Kurzgeschichten, Romane und Bühnenstücke, in denen sie die Beobachtungen des libertinen Kaffeehauslebens ebenso verarbeitete, wie das Elend der armen Wiener Bevölkerungsschichten, das sie nach ihrem Bruch mit Kranz und ihrer Heirat mit dem kommunistischen Autor Otto Kaus, auch aus eigener Erfahrung kannte. Gina Kaus' Texte fanden ein großes Publikum, sie erschienen als Fortsetzungen im Zeitungsfeuilleton, ihre Stücke wurden überall zwischen Berlin, Wien und Prag gespielt, und nach ihrer

Emigration setzte sie sich in Hollywood als Drehbuch-
autorin durch.

Obwohl neben Kraus und Blei auch Alfred Polgar ihre
Bücher schätzte, werden sie heute oft der Trivialliteratur
zugerechnet und sind weitgehend vergessen. Doch wenn
Gina Kaus auch nicht wie manche ihrer Café-Kollegen die
Literatur revolutioniert hat, wird es ihrem Werk dennoch
nicht gerecht, es leichtfertig abzutun. Um reine Unter-
haltung zu sein, ist es
psychologisch zu tref-
fend, die Schilderung der
Gesellschaft zu scho-
nungslos. Das litera-
rische Kaffeehausklima
wirkte aber nicht nur auf
sie, sie selbst inspirierte
einen anderen Stamm-
gast des Herrenhofs:
Robert Musil verarbeitete
Gina Kaus' öffentliches
Privatleben in seiner
Komödie „Vinzenz und
die Freundin bedeu-
tender Männer".‹

*Das Café Herrenhof existiert
heute nicht mehr. Der National-
sozialismus bedeutete seinen
Niedergang. In den 1960er-
Jahren wurde an Stelle des
historistischen Gebäudes ein
Neubau errichtet. Darin gab es
ein kleines Espresso. Doch auch
dieses Café, das mit dem im
Jugendstil eingerichteten
750-Quadratmeter-Lokal aus
Gina Kaus' Zeit nur mehr den
Namen gemein hatte, wurde
2006 aufgelassen.*

Franz Ferdinand Trotta geht oft in die Kapuzinergruft. Aufgewachsen unter der Monarchie, kommt er nach seiner Rückkehr aus dem Ersten Weltkrieg mit den neuen Gegebenheiten nicht zurecht. Vor 1914 hatten er und seine aristokratischen Freunde sorglos dahin gelebt, doch Kriegsanleihen haben ihre Vermögen verschlungen. Jetzt wo das Habsburgerreich nicht mehr existiert und politische Wirrnisse die junge Republik erschüttern, verklären sie Österreich-Ungarn zum Mythos verlorener Einheit und Heimat, verkörpert durch den väterlichen Kaiser Franz Joseph. In der Nacht vor dem österreichischen Anschluss an das „Dritte Reich", ist Trotta nun endgültig heimatlos geworden:

Grab des alten Österreich

Joseph Roths „Kapuzinergruft"

Kapuzinergruft
I., Tegetthoffstraße 2
Tel. 512 68 43
www.kaisergruft.at" www.kaisergruft.at
U1, U3 Stephansplatz

„Ich ging durch leere Straßen, mit einem fremden Hund. Er war entschlossen mir zu folgen. Wohin? – Ich wußte es ebensowenig wie er. Die Kapuzinergruft, wo meine Kaiser liegen, begraben in steinernen Särgen, war geschlossen. Der Bruder Kapuziner kam mir entgegen und fragte: ‚Was wünschen Sie?' ‚Ich will den Sarg meines Kaisers Franz Joseph besuchen.'" Und so ist die titelgebende Kapuzinergruft in Joseph Roths Roman weniger Schauplatz, als Symbol für die untergegangene Welt der k.u.k. Monarchie: Es ist nicht nur das Grab des Kaisers (und seiner Vorfahren), auch Trottas Leben liegt hier: „Lebendig waren wir und leibhaft vorhanden. Aber Tote waren wir in Wirklichkeit.", sagt er über sich und seine Freunde. Es lebt wohl niemand mehr, der noch authentische Habsburg-

Nostalgie verspüren kann, die Kapuzinergruft versprüht aber noch immer ihre geschichtsträchtige Aura.

Als Joseph Roth „Die Kapuzinergruft" schrieb, mag er sich ähnlich gefühlt haben wie der Ich-Erzähler des Romans: Geboren 1894 in Brody, in der heutigen Ukraine, lebte und arbeitete er später in Wien und Berlin. Vor dem Ersten Weltkrieg durchaus kritisch gegenüber der Monarchie, empfand er deren Zerfall dennoch als äußerst negativ.

Trottas Bohème-Leben findet zum großen Teil in den Kaffeehäusern Wiens statt. Im Café Magerl, Wimmerl, Josefinum... sie existieren nicht mehr. Nur das Café Museum gibt es noch: Dort kommt es zur ersten Annäherung Trottas an seine Frau Elisabeth, nachdem er aus dem Krieg zurückgekehrt ist. In I., Friedrichstraße 6 gelegen, lässt sich ein Besuch des Café Museum mit dem der Kapuzinergruft gut verbinden.

Roth gehörte sogar den Legitimisten um Otto Habsburg an und versuchte noch im März 1938 Kanzler Schuschnigg zu einer Machtübergabe an den Kaiser-Erben zu überreden. 1939 starb er als schwerer Alkoholiker in Paris.◄

Wie die Cafés Griensteidl, Herrenhof und Central in der ersten Hälfte des 20. Jahrhunderts von Dichtern und Essayisten besucht wurden und noch immer den Inbegriff des klassischen Literatencafés verkörpern, so gilt bis heute das Café Hawelka als das Künstlercafé Wiens. Diesen Ruf erwarb es sich ab den 50er-Jahren, endgültig manifestierte er sich spätestens mit Georg Danzers Lied „Jö schau". Die junge Szene verkehrte hier: Musiker, bildende genauso wie Theaterkünstler – Oskar Werner, unter vielen. Aber natürlich saßen auch Schriftsteller bei Josefine Hawelkas berühmten Buchteln mit Powidl und Melange oder doch einem Paarl Debreziner mit Kren, Semmel und Seidl. Allen voran die „Wiener Gruppe": Wie die „Jung Wiener" zur Jahrhundertwende im Griensteidl, diskutierte, schrieb, trank, las die Gruppe um H. C. Artmann (siehe Seite 92), Konrad Bayer, Friedrich Achleitner und Gerhard Rühm im Café Hawelka. Ab 1906 ursprünglich als Bar betrieben, übernahm das Ehepaar Hawelka das Kaffeehaus 1939 und veränderte auch nach dem Krieg, den dieses erstaunlicherweise unbeschadet überstanden hatte, nichts an der originalen Jugendstil-Einrichtung. In der Zeit des Wirtschaftswunders übte gerade diese eine starke Anziehung auf die sich dem traditionellen Kulturbetrieb und der Gesellschaft, die ihn generierte, entgegenstellenden jungen Künstler aus. Obwohl nicht zu dieser Generation gehörend, fasst Heimito von Doderer es am besten zusammen: „Chromnickel und nierenförmige Tische würden die Gäste des

Poesie und Powidl

Die Wiener Gruppe im Café Hawelka

Café Hawelka
I., Dorotheergasse 6
Tel. 512 82 30
www.hawelka.at
U1, U3 Stephansplatz

Café Hawelka nach allen Richtungen auseinanderfliehen lassen." Auf die eine oder andere Weise haben fast alle Mitglieder der Wiener Gruppe ihr Stammcafé literarisch verarbeitet: Ob Konrad Bayer 1957 in einem absurden Erzählbild – „[…] weinend verlässt schneewitchen, sie ist aus oberösterreich, den palast der aussieht wie das cafe hawelka und betritt den park des schlosses der aussieht wie die alte donau […]" –, oder Gerhard Rühm in einem Dialektgedicht. Sein Flair, wurde von vielen reflektiert. So Friedrich Achleitner in seinem „versuch übers hawelka": „ha ha

Auch nach dem Tod des legendären Cafetiers-Ehepaares Leopold und Josefine, sind die Buchteln noch zu empfehlen, die Atmosphäre hat allerdings ein wenig eingebüßt: Nicht zuletzt wohl wegen des „Kultstatus" und seiner Lage, die das Hawelka zum beliebten Touristenziel machen. Wer sich einen Eindruck von den früheren Gästen, ob bekannt oder skuril, machen will, dem sei Franz Hubmanns Bildband „Das photographische Werk" (Christian Brandstätter 1999) empfohlen.

// ha ha // ha ha ha // tschi" Auch für die, die es am besten wissen müssen, bleibt unergründlich, was genau das kleine Kaffeehaus in der Graben-Seitengasse ausmacht.◄

Benannt nach den „Helden" der Schlacht von Aspern gegen Napoleon, wurde der Heldenplatz zum Synonym für den Beginn des dunkelsten Kapitels österreichischer Geschichte – und durch Thomas Bernhards gleichnamiges Stück zum Inbegriff des Theaterskandals. Noch vor seiner Uraufführung im November 1988 löste „Heldenplatz" Entrüstungsstürme aus. Politiker jeder Couleur wetteiferten mit Leserbriefschreibern bei der Schmähung von Autor und Stück. Bernhard hatte sich wohl nichts anderes erwartet, schon mehrmals hatten seine Texte für Aufregung gesorgt. Dass „Heldenplatz" vom kleinbürgerlichen Österreich als Provokation aufgefasst werden würde, war klar, denn genau dieses prangert das Stück an – und schont auch die zeitgenössische Politik nicht.

Jubel und Skandal

Der „Heldenplatz"
von Thomas Bernhard

I., Heldenplatz
U2, U3 Volkstheater

Als Auftragsarbeit aus Anlass des 100-jährigen Bestehens des Burgtheaters durch dessen damaligen Direktor Claus Peymann gedacht, hat Bernhard ein weiteres Wiener „Jubiläum" zum Thema des Drei-Akters gemacht: 1988 jährte sich zum 50. Mal der Anschluss Österreichs an das „Dritte Reich", als Hitler unter Begeisterungsstürmen auf den überfüllten Heldenplatz einzog.

Auch in Bernhards Stück liegen diese Ereignisse 50 Jahre zurück, doch die Figuren können sie nicht vergessen: Professor Schuster hat sich aus dem Fenster gestürzt. So beginnt „Heldenplatz". Seine Frau und Töchter, sein Bruder und seine Haushälterin sprechen nach dem Begräbnis über die Gründe. Aus Oxford, wo er im Krieg gewesen war, nach Wien zurückgekehrt, hatte er die Österreicher unverändert vorgefunden, kleingeistig und ohne Schuldbewusstsein. Und auch in den letzten fünf Jahrzehnten sei es nicht besser geworden, im Gegenteil: Chauvinismus, Heuchelei und Selbstzufriedenheit regieren noch immer das Land. Von der nahe des Heldenplatz gelegenen Wohnung hört die Frau des Professors die Menschenmenge noch heute schreien und klatschen, ihrem „Führer" zujubeln. Am Ende des Stückes wird das Geschrei unerträglich. Das Ausmaß, das die Polemik gegen Bernhard annahm, sagt manches aus, über jene, die sich provoziert fühlten. Seine Kritik an Österreich war wohl nicht unberechtigt,

Nicht weit von Burgtheater und Heldenplatz, in der Stallburggasse 2, liegt Bernhards Lieblingskaffeehaus: Bei Apfelstrudel und Melange lässt es sich im Bräunerhof stundenlang in seinen Werken lesen!

oder wie es in „Heldenplatz" heißt: „Was die Schriftsteller schreiben ist ja nichts gegen die Wirklichkeit […] die Wirklichkeit ist so schlim daß sie nicht beschrieben werden kann". Bei der Premiere wurde Jauche vor dem Burgtheater abgeladen. „Dieser kleine Staat ist ein großer Misthaufen", lautet einer der letzten Sätze.◂

nders aber doch typisch. Das Café Korb liegt zentraler als das Central, ist kleiner als die meisten Kaffeehäuser, hat im Keller eine Kegelbahn und im Sommer einen überfüllten Schanigarten. Das Korb entspricht nicht der Vorstellung eines Wiener Literatencafés, dazu ist es auch zu schlicht, die Marmortische zu viereckig... Trotzdem: Wollte man den literarischen Wert der Kaffeehäuser gegeneinander aufwiegen (und übertrüge dabei stillschweigend die Auszeichnungen der Stammgäste auf das Lokal), müsste es mindestens auf der gleichen Ebene liegen wie Central oder das Griensteidl, denn Elfriede Jelinek hat es zu einem ihrer Lieblingslokale erklärt (siehe auch Seite 74). Das Prädikat „Kaffeehausliteratin" trifft auf die 1946 geborene Autorin aber nicht zu. Sie schreibt

Ein Korb voll Literatur

Elfriede Jelinek im Café Korb

Café-Restaurant Korb
I., Brandstätte 9
Tel. 533 72 15
www.cafekorb.at
U1, U3 Stephansplatz

nicht im Café, wie die „Centralisten", denen „nur an den Tischen des Müßiggangs [...] die Tafel der Arbeit gedeckt ist." (Alfred Polgar) Lieber schon liest sie hier Zeitung. Kurze, aphoristische Skizzen, wie sie ein Altenberg oder Polgar verfasste, gehören nicht zu ihrem Werk. Eine Ausnahme bildet da gerade „Huschhusch ins Korb!": „... wenige Lokale sind auserwählt, von mir besessen zu werden, auch wenn ich sie leider nicht besitze. Das Café Korb besitze ich nicht, bin auch nicht von ihm besessen und trotzdem: Es ist meiner und überhaupt all seiner Gäste würdig." Mit für sie typischen Sprachspielen zählt Jelinek alle Vorzüge des Lieblingscafés auf. Die Hommage ans Kaffeehaus, das „im Sommer immer so einen schönen

Mittagssonnenschein vors Haus" wirft, ist auch eine Hommage an seine Besitzerin, Susanne Widl, die das Lokal 1996 von ihren Eltern übernahm, nachdem sie als Modell und Performerin Erfolge gefeiert hatte: „Sie gleitet zwischen den Schuhen der Gäste hindurch. Ein Fels auf Schlittschuhen, denke ich mir, denn so etwas habe ich ja noch nie gesehen."

In den letzten Jahren hat sich Elfriede Jelinek immer mehr aus der Öffentlichkeit zurückgezogen, besonders seit ihr 2004 der Literatur-Nobelpreis zuerkannt wurde. So stimmt für sie nicht mehr, was sie als allgemeine Regel formuliert hat: „Wer das Café Korb kennt, der geht immer wieder hin." Und was sie als Grund dafür angibt, genießen vornehmlich andere: „Man kann dort den besten Apfelstrudel der Stadt essen, wenn man noch kann. Vielleicht kann man nicht mehr, weil man von dem ausgezeichneten Essen schon vorher voll gewesen ist."‹

Nicht weit ist es vom Café Korb ins Burgtheater. Als Jugendliche stand Elfriede Jelinek dort oft um Stehplatzkarten an – besonders angetan hatte es der späteren Nobelpreisträgerin Oskar Werner. Heute finden sich ihre Stücke auf dem Spielplan des Hauses am Ring!

Das Café Landtmann gehört nicht zu den typischen Literatenkaffeehäusern. Zwar ist es wie das Central oder das Hawelka außerhalb Wiens bekannt und die unmittelbare Nähe zum Burgtheater sorgt für die Melange von kunstschaffenden und kunst- und künstlerinteressierten Gästen, die ein Wiener Café erst ausmacht, doch wird es weniger mit Poesie als vielmehr mit Politik assoziiert. Auch diesen Ruf bestimmt die Lage: Linkerhand, hinter dem Burgtheater, die SPÖ-Zentrale, rechts, auf der anderen Ring-Seite, das Rathaus. Das Parlament ist ebenfalls nicht weit, weshalb sich das Landtmann perfekt für einmal mehr, einmal weniger öffentliche politische Frühstücksmeetings, als Interview-Location oder für Pressekonferenzen eignet.

Politphilo-sophische Melange

...im Landtmann und bei Robert Menasse

Café Landtmann
I., Dr. Karl-Lueger-Ring 4
Tel. 241 00-0
www.landtmann.at
U2, U3 Volkstheater, dann Straßenbahn 1
Rathausplatz/Burgtheater

Und so ist es auch eine politische Angelegenheit, die zum ersten Punkt der Auseinandersetzung zwischen Leo Singer und Judith Katz wird, als sie bei einem ihrer ersten Treffen in eben jenem Café Landtmann sitzen. Die Protagonisten aus Robert Menasses Roman „Selige Zeiten, brüchige Welt" sind Kinder nach Brasilien emigrierter Wiener Juden, die nun in Wien studieren. Sie haben sich vor kurzem in der Uni, im Audimax-Buffet kennengelernt und Leo erzählt gerade von seiner verhassten Mutter, als „plötzlich ein paar Menschen an den mittleren Tischen oder in den Logen, die sich an der hinteren Wand des Cafés befanden, aufsprangen und die Tische an der

Fensterseite umringten, um hinaus auf die Straße zu schauen." Menasse hängt seinen 1991 erschienen Roman an einem historischen Ereignis auf: Was die Kaffeehausbesucher an die Scheiben zieht, ist die Anti-Borodajkewicz -Demonstration, gegen jenen Professor, der noch 20 Jahre nach dem Zweiten Weltkrieg in seinen Vorlesungen antisemitische Tiraden losließ. Judith verlässt das Landtmann, um sich der Demo anzuschließen. Leo wird es ihr gleich tun, allerdings mehr aus Verlangen bei ihr zu sein. Denn, wie er erklärt, hält er die politische Aktivität für nutzlos, und: „...was hat das

Das Café Landtmann wurde vor kurzem erweitert: Im Winter bietet ein Glaskobel Platz für mehr Gäste, im Sommer wird er wieder zur Terasse umfunktioniert. Im nahen Universitätsgebäude wurde das Audimax restauriert; das Buffet, wo sich Leo und Judith kennenlernen allerdings nicht – ein ganz originaler Originalschauplatz also!

für einen Sinn, wenn wir uns auch verprügeln lassen?" Wie die anderen Demonstranten. Nach der Demo sollte einer der antifaschistischen Demonstranten erschossen sein. Auch Judith wird es am Ende so gehen, doch in den 18 Jahren bis zu ihrem Tod, wird sie in einer spannungsreichen Beziehung zu Leo dessen Muse sein: An ihr und ihren gegensätzlichen Meinungen wird er sich abarbeiten, um sein philosophisches Weltsystem zu entwickeln. Die Kontroverse im Landtmann war nur der Anfang.◂

Der Titel von Lilian Faschingers „Wiener Passion" bezieht sich wohl ebenso auf Leidenschaft wie Leidensweg. Nicht zuletzt spiegelt er die Wien-Passion, die dem Roman der 1950 in Kärnten geborenen Autorin nicht abzusprechen ist, wider: Von drei Erzählern zu zwei Zeiten wird Wien durchlebt und durchschritten: Rosa Horvath, geb. Tichy zur vorletzten Jahrhundertwende in der Lindengasse, in der Hofburg, im Kanalsystem…, Magnolia und Josef zur letzten Jahrhundertwende, am Naschmarkt, am Zentralfriedhof, in Schuberts Sterbehaus…

Personal-Madonna

oder die Passion eines Wiener Dienstmädchens

Dienstboten-Madonna im Stephansdom
I., Stephansplatz
www.stephansdom.at
U1, U3 Stephansplatz

Am interessantesten von all diesen Schauplätzen – ob seiner Kuriosiät genauso wie als ein Angelpunkt der Geschichte – ist der Stephansdom, genauer gesagt „das Standbild der Dienstbotenmuttergottes". Vor kurzem erst ist Rosa aus Böhmen nach Wien gekommen und hat soeben ihre erste Stelle als Dienstmädchen verloren. Also macht sie sich auf den Weg in den Dom „in der Überzeugung, ein so geräumiges Gotteshaus müsse einige dieser Mittler zwischen Gott und den Menschen beherbergen." Und wirklich kaum ist sie „durch das mit vielen Reliefs und Figuren geschmückte Riesentor" eingetreten, als ihr ein Kirchendiener schon die Zuständigkeiten der Heiligen der Seitenaltäre erklärt. Eine davon ist „eine heiter blickende Madonna mit einem ebenso fröhlich wirkenden Kind […], das seine rechte Hand auf die Brosche gelegt hatte, welche das Gewand seiner Mutter über der Brust zusammenfaßte." Zur „Dienstbotenmuttergottes" wurde die Statue, nachdem

sie ein des Diebstahls beschuldigtes Dienstmädchen ange-
rufen hatte und gleich darauf dessen Unschuld bewiesen
wurde. „Endlich hatte ich die ideale Fürsprecherin gefunden, eine Madonna, die auf die Probleme und Leiden der
Hausgehilfinnen spezialisiert war. Meine unsichere Zukunft
machte mir mit einem
Mal keine Angst mehr,"
schreibt Rosa in ihrer
Lebensgeschichte. Diese
Lebensgeschichte ist
eine der Erzählstimmen
der „Wiener Passion"
und die Lektüre der aus-
tro-afroamerikanischen
Malerin Magnolia, die
neben Josef Horvath die
dritte Hauptfigur und
Erzählerin ist. Magnolia
hat die Aufzeichnungen
in einer Truhe bei ihrer
Tante gefunden. Bald
erfährt sie, dass Rosas

*Eine weitere Station auf dem
Lebensleidensweg der Rosa
Horvath ist der Musikverein: Eine
Praterhure hat ihr verraten, dass
man dort die besten Freier findet.
Den Musikverein als Schauplatz
hat auch die Erzählung „Mephistowalzer" von Sergio Pitol. Auch in
anderen Werken des Mexikaners
spielt Wien eine Rolle – eine
absolute Empfehlung! (Sergio
Pitol: Mephistowalzer – Erzählungen. Wagenbach 2005)*

Leidensweg mit der Anrufung der Dienstboten-Madonna
erst beginnen sollte und die Folgen ihrer Leidenschaft
Magnolia unmittelbar betreffen.‹

Was sich nach dem Schauplatz eines Fantasy-Romans anhört, ist in der Wiener Wirklichkeit tatsächlich ein literarischer Schauplatz ganz anderer Art: Die „Alte Schmiede" beherbergt mit dem „Literarischen Quartier" seit 1975 eine der wichtigsten Institutionen sowohl für Literaturliebhaber als auch für Autoren. Ihren Namen hat sie von der Schmiedewerkstätte aus dem 18. Jahrhundert, die sich im gleichen Haus befindet und heute als Museum geführt wird. Ziel der Einrichtung, die auf eine Initiative der Stadt Wien zurück geht, ist die Förderung österreichischer Schriftsteller – allerdings nicht durch Stipendien für einsames Werken, sondern auf der Basis von Veranstaltungen. Sie sind für das Publikum frei zugänglich. Auf der Gästeliste stehen angesehene Schriftsteller genauso wie junge, noch unbekannte, die hier die Möglichkeit finden, an die Öffentlichkeit zu treten. Unter den Literatur-Veranstaltungen in der Alten Schmiede, die mehrmals pro Woche – abwechselnd mit einem Musikprogramm – stattfinden, sind nicht nur Lesungen, sondern auch Vorträge und Diskussionen, manchmal sogar mehrtägige Symposien zu einem Autor. Und ihr Niveau ist hoch. In einer Hommage an den langjährigen Leiter, Kurt Neumann, schreibt Peter Rosei: „Ohne Berührungsangst oder Genierer zieht er alles an sich heran, was sich da regt, jede Disziplin ist ihm recht, jeder Methode versucht er etwas abzugewinnen." Ja, in der Alten Schmiede hat die literarische Avantgarde ihr Quartier, nicht die Bestseller. Was nicht heißt, dass der Veranstaltungssaal nicht

Literatur-schmiede

Wo die Literatur Quartier bezogen hat

Alte Schmiede, Literarisches Quartier
I., Schönlaterngasse 9
Tel. 512 83 29
www.alte-schmiede.at
U1, U3 Stephansplatz

manchmal gesteckt, um nicht zu sagen, brechend voll ist. Oder dass nicht manchmal auch Erfolgsautoren zu Gast sind: Daniel Kehlmann zum Beispiel, allerdings noch bevor er mit „Die Vermessung der Welt" zum neuen Star der deutschsprachigen Literatur wurde. Er profitierte von einem sogenannten „Autorenprojekt". Diese sind als ganz spezielle Fördermittel konzipiert, nämlich als eine Art Recherche-Werkzeug für Schriftsteller. Im Rahmen eines solchen Projekts kann der Autor, Literaten oder Referenten aus anderen Wissensgebieten einladen. Aus den Veranstaltungen kann er dann Informationen und Impulse für seine Arbeit ziehen. Und das Publikum bekommt Einblick in den Entstehungsprozess eines Werkes ist, das es bald in Händen halten kann – die Alte Schmiede als Literaturwerkstatt.‹

> *Wo sich bis vor kurzem die Galerie Alte Schmiede der Artothek der Stadt Wien befand, besteht seit Februar 2008 die Galerie der Literaturzeitschriften. Hier liegen alle österreichischen und zahlreiche (auch fremdsprachige) europäische Literaturzeitschriften auf. Der Lesesaal ist werktags ab 14 Uhr geöffnet und kann unentgeltlich besucht werden.*

Wien spielt im Werk Arthur Schnitzlers eine zentrale Rolle – passend für einen Dichter des „Jungen Wien". Ab 1890 wurde Schnitzler, der zu dieser Zeit schon als Arzt tätig war, zu einem Hauptvertreter dieser literarischen Strömung rund um Hermann Bahr.

Die Stadt ist die Bühne seiner Bewohner. Der soziale Stand bestimmt deren Platz darauf. Tatsächlich spiegelt wenig die Menschen besser wider, als ihre Aufenthaltsorte: wo sie feiern und flanieren oder wohin zu gehen sie fürchten. Dementsprechend wählt Schnitzler verschiedenste Wiener Orte als Schauplätze seiner Erzählungen und Theaterstücke. Immer wieder imaginiert der Autor seine Figuren im Prater. Wiederum passend, ist doch Arthur Schnitzler gebürtiger Leopoldstädter. Von seinem Geburtshaus in der

Sex und Suizid

Der Prater bei Arthur Schnitzler

II., Prater Hauptallee
U1 Praterstern

Praterstraße 16 hatte es der Sohn eines jüdischen Arztes nicht weit dahin. Überhaupt war der Prater im 19. Jahrhundert ein mindestens ebenso beliebter Freizeitort, wie heute – Felix Salten hat es beschrieben (Seite 38). In den Wurstelprater ging man zum Vergnügen, in den Grünen Prater zum Spazieren oder in eines der an der Hauptalle gelegenen Kaffehäuser. Heute besorgen den Adrenalin-Kick immer ausgefallenere Dreh- und Hubmaschinen. Die Tanzsalons von einst sind nur noch durch rotierendes Derivat vertreten, statt Strauß tönt House. Und die Fitnesswelle hatte die Flaneure sicher auch noch nicht ergriffen...

Gleich geblieben ist scheinbar, was auch 80 Jahre später in Elfriede Jelineks „Klavierspielerin" (siehe Seite 74) einfließen sollte: Die Praterauen als Ort der Triebe. So in der zweiten

Szene des „Reigen": Praktisch zwischen zwei Tänzen „verführt" der Soldat das Stubenmädchen Marie, um sich gleich darauf einer anderen zu widmen.

Auch in der Novelle „Leutnant Gustl" – erzählerisch revolutionär, da ganz als Bewusstseinstrom des titelgebenden Protagonisten gestaltet – ist der Prater Schauplatz. Verzweifelt irrt Gustl durch Wien, durch die Prater Hauptallee, setzt sich auf eine Bank: „Nein, ist die Luft gut... man sollt' öfter bei der Nacht in' Prater geh'n..." Ein Zivilist hat ihn beleidigt: Dem Ehrenkodex des k.u.k. Militärs verpflichtet, muss er nun eigentlich Selbstmord begehen. Allein im nächtlichen Prater

Ebenfalls als Innerer Monolog geschrieben ist Marlene Streeruwitz' „Jessica, 30" (S. Fischer 2004). Auch in diesem Roman fühlt sich die Hauptfigur einem zeitgenössischen „Ideal" verpflichtet: der Fitness. Jessica joggt – über die Hauptallee!

wird seine Beklemmung noch größer, denn Gustl versteht, dass sein Leben nicht erfüllt war, aber auch wie sehr er daran hängt.◂

D urch den hohen Viadukt, über den die Lokomotiven pfeifen, geht man die breite sonnige Straße hinunter zu den Buden. Unaufhörlich wimmelt es von Menschen unter den Säulen des Viaduktes, als sei hier eine Schleuse der großen Stadt geöffnet und wolle alles, was an Faulheit und Fröhlichkeit, an singendem Stumpfsinn und bummelndem Elend drinnen in dem geschäftigen Leben zwischen den hohen Häusern keinen Platz findet, ausströmen in ein riesiges Reservoir." Vieles hat sich verändert, manches ist gleich geblieben, seit Felix Salten (siehe auch Seite 94) 1911 ein Porträt des Wiener Wurstelpraters verfasste. Noch immer gehen die meisten Besucher unter den Bögen der Schnellbahn hindurch; im Sommer, an Sonntagen wimmelt es noch immer von Menschen... Doch die Buden, die Salten – 1869

Vergnügungs-kulisse

Felix Saltens „Wurstelprater"

II., Wurstelprater
U1 Praterstern

als Siegmund Salzmann in Budapest geboren – beschreibt, sind fast alle durch Vergnügungsautomaten ersetzt worden. In manchen Fällen ist es schade darum – bei der Wahrsagerin, den Tanzkapellen oder den Stehgreifbühnen; in anderen weniger – bei den Zurschaustellungen von Menschen, wie „Vater Zwerg, Mutter Zwerg". Und noch etwas hat sich verändert: In den knapp 100 Jahren seit Saltens „Wurstelprater", hat sich die Bevölkerungsstruktur gewandelt. Ein großer Teil der Wiener Bevölkerung war damals arm, der Volksprater, wie er amtlich heißt, neben dem Wirtshaus, der einzige Ort, wo man für ein paar Kreuzer vom „bummelnden Elend" abgelenkt wurde: „Für alle Einfachen und Niedrigen, die aus den bunten Provinzen des Reiches in Wien zusammenströmen […] ist hier ein Trost."

Der Wurstelprater ist ein Ort ewigen Karnevals, wo alle Tabus zu fallen scheinen: „[W]ie nirgendwo anders sonst, enthüllen sich hier die einfachen menschlichen Triebe." Ist das anders geworden...?

Doch die Beschreibung des ungehemmten Amusements bleibt nicht ohne sozialkritisches Moment: Der Wurstelprater ist die Vergnügungskulisse der armen Leute, doch nicht viel mehr als eine Kulisse. Es offenbart sich die Scheinhaftigkeit des allfeiertäglichen Treibens – in Saltens Schilderung tritt davor das Elend noch deutlicher hervor.◄

Kongenial ergänzt wird Saltens Text durch die Fotografien von Emil Mayer – sie illustrieren perfekt die von Salten geschilderte Atmosphäre im Wurstelprater zu Beginn des 20. Jahrhunderts. Wer noch mehr Einblicke in die Gesichte des Praters bekommen möchte, sollte das Pratermuseum, II., Oswald-Thomas-Platz 1 (im Planetarium), besuchen. Hier sind Fotos und Erinnerungstücke früherer Attraktionen ausgestellt. Weitere Informationen unter Tel. 505 87 47-0 und www.wienmuseum.at

Venetiana Taubner-Calderon wird 1897 in Wien geboren. Ihr Vater ist ungarischer Jude, ihre Mutter Sephardin. Veza, wie sie genannt wird, genießt eine gute Bildung, arbeitet als Englischlehrerin, später wird sie u. a. Graham Greene übersetzen. Für Literatur interessiert sie sich schon früh, verehrt Karl Kraus. 1924 begegnet sie Elias Canetti (siehe Seite 48). Es beginnt eine intensive Beziehung, die bis zu ihrem Tod 1963 in London anhalten sollte. Veza steckte eigene literarische Ambitionen zurück, um ihren Mann zu unterstützen. Wie der spätere Nobelpreisträger schreibt, „nahm sie die schlechten Gedichte ernst, die ich ihr während einiger Jahre brachte […], so sicher war sie, daß anderes nachkommen würde." Konsequent und doch in ironischer Brechung, erscheinen so die Pseudonyme, die sie für das wenige zu ihren Lebzeiten Veröffentlichte, wählte: Veza Magd oder Veza Knecht. Aufopfernde Personen, vor allem Frauen und zu Opfern gemachte, sind es auch, die sie als Schriftstellerin interessieren. In den Erzählungen, die Anfang der 30er-Jahre in der „Arbeiter-Zeitung" erscheinen, zeichnet sie ein Panoptikum des Wiener Kleinbürgertums ihrer Zeit und seiner alltäglichen Katastrophen. Die Erzählungen fokussieren einzelne Figuren, die anderen tauchen immer wieder am Rande auf – oft tieftraurig, oft voll Witz, immer mit scharfem Blick, in kompromissloser Sprache. Da ist die schöne Maja, von ihrem Mann in den Wahnsinn getrieben; Lina, verleumdet und von der Trafiksbesitzerin gekündigt; oder Emilie Jaksch, die in den Kanal geht, weil's für gerettete Selbstmörderinnen Kost und Logis im Dienstmädchen-

Eine Straße im Zweiten...

Veza Canettis „Die Gelbe Straße"

II., Ferdinandstraße 29
U1 Nestroyplatz

obdachlosenheim der Polizei gibt. Der Schauplatz aller Geschichten ist „die Gelbe Straße". So lautet auch der Titel der Sammlung, die nachdem eine Buchpublikation im Austrofaschismus nach 1934 nicht mehr möglich war, erst 1990 von Elias Canetti herausgegeben wurde. „Es ist eine merkwürdige Straße, die Gelbe Straße.

Es wohnen da Krüppel, Mondsüchtige, Verrückte, Verzweifelte und Satte. Dem gewöhnlichen Spaziergänger fallen sie nicht auf." Veza Canetti sind sie aufgefallen, denn sie kennt die Gegend genau – bis zu ihrer Hochzeit wohnte sie in Haus Nummer 29 der Ferdinandstraße, die wegen der vielen Lederhändler, die ihre Waren zur Schau stellten, ganz

Das Flair von früher wurde unwiederbringlich zerstört, doch mittlerweile ist wieder jüdisches Leben in die Leopoldstadt zurückgekehrt. Davon zeugt u.a. eine Koschere Bäckerei vis-à-vis des Veza-Canetti-Parks. Daneben beginnt der „Weg der Erinnerung": Im ganzen zweiten Bezirk gemahnen Messingplatten mit eingravierten Namen und Daten an die verschleppten ehemaligen Bewohner.

gelb erschien. Heute könnte man die Straße farblos nennen. Versteckt hinter dem Uniqua-Hochhaus, verblasst das Bild des Lebens, das hier einst herrschte. An die Schriftstellerin, die es festhielt, erinnert der Veza-Canetti-Park Ecke Ferdinandstraße / Tempelgasse: Ein Beserlpark, der der faden Straße, nicht seiner Namensgeberin gerecht wird.◂

Vor knapp 100 Jahren war Fußball noch nicht so schick wie heute, wo kulturwissenschaftliche Arbeiten darüber verfasst werden, Intellektuelle jeder Couleur sich fürs Match in die Farben ihrer Clubs werfen und, nicht zuletzt, die Spieler zu Großverdienern geworden sind. So waren auch die Eltern Friedrich Kantors einigermaßen verstimmt, als dieser auf die Frage, was er sich zu seiner Bar Mizwah wünsche, äußerte: „Ich möchte der Hakoah beitreten." Die Hakoah wurde gegründet 1909, um im zunehmend antisemitischen Klima der Zeit, Juden die Möglichkeit sportlicher Betätigung zu bieten. Friedrich, unter dem Pseudonym Torberg, mittlerweile ein bekannter Autor, schreibt 1959: „Ich war von Kindesbeinen an stolz darauf, Jude zu sein. Und dieser Stolz, den ich für nichts auf der Welt hergeben würde, bleibt mir für alle Zeiten mit dem Namen Hakoah verbunden." Die Hakoah, deren Fußballmannschaft in der Saison 1924/25 sogar österreichischer Meister wurde, die schnellsten Schwimmerinnen hatte, den Sportplatz im Prater. 1921 tritt Torberg 13-jährig allerdings nicht in den Fußballclub ein – der ist zu überlaufen –, sondern wird Schwimmer. Später, nachdem er mit seinen Eltern nach Prag gezogen ist, wird er als Wasserballer mit seinem ebenfalls jüdischen Verein „Hagibor" tschechoslowakischer Meister. Nie wird er entscheiden können ob dies der schönste Tag seines Lebens war, oder jener „an dem mir innerhalb einer Viertelstunde Karl Kraus von Alfred Polgars guter Meinung über mich erzählte und Alfred Polgar gleiches über Karl Kraus."

Schreibender Sportler

Friedrich Torberg und die Hakoah

Hakoah-Sportzentrum
II., Simon-Wiesenthal-Gasse
www.hakoah.at
U1 Praterstern, dann Straßenbahn 21
Simon-Wiesenthal-Gasse

Der Sport und die Literatur, beides lebenslange Leidenschaften. Torberg versteht sie zu verbinden: 1930 erscheint sein „Schüler Gerber hat absolviert", da ist er noch Leistungsportler. Doch dann verlangt die literarische Leistung ihr Tribut, Torberg muss seine sportliche Laufbahn beenden. Es fällt ihm nicht leicht, doch als Schriftsteller hat er ein Werkzeug, diese Sportlerlebenskrise zu verarbeiten: 1935

Die Hakoah wurde unter den Nationalsozialisten natürlich aufgelöst, die meisten Mitglieder deportiert. Nach dem Krieg wurde die Hakoah bald neugegründet, doch der Sportplatz blieb, wie so viel Enteignetes, im Besitz des Staates. 70 Jahre nach dem „Anschluss" wird im Prater endlich das neue Hakoah-Sportzentrum eröffnet, außerdem soll es ein Museum des Vereins geben. Mitglied kann natürlich werden wer will.

erscheint sein Roman „Die Mannschaft", der stark autobiographische Züge trägt. Ein klassischer Entwicklungsroman – der Einzelspieler Harry Baumester lernt Teamgeist zu schätzen –, in einer Zeit des immer fataleren Kollektivismus aber auch ein Plädoyer für Gemeinschaft in Fairness. Drei Jahre später musste Friedrich Torberg emigrieren.◄

Wer kennt die Szenen nicht? In den verzweigten Abwasserkanälen, am Zentralfriedhof, im Prater, die Kriegsruinen im ersten Bezirk... Obwohl kein österreichischer, ist „Der dritte Mann" einer der Wien-Filme und gehört international wohl neben verklärendem Musik- und Monarchie-Kitsch zu den gängisten Wien-Assoziationen. Die scharfen Hell-Dunkel-Kontraste, in denen der Engländer Carol Reed den Film 1949 inszenierte, machten ihn legendär, die Geschichte um den Penicillinschieber Harry Lime lieferte Graham Greene. Eigentlich sollte der Romancier ja nur ein Skript für Reed vorlegen, doch: „Für mich ist es nahezu unmöglich, ein Drehbuch zu schreiben, ohne den Vorwurf zunächst als Erzählung zu behandeln." So verfasste Greene zunächst also eine Erzählung, um sie dann später mit dem Regiseur zu einem Drehbuch umzuarbeiten, wobei auch einige Änderungen an der Geschichte vorgenommen wurden. Umso mehr lohnt die Lektüre, auch wenn Greene in seinem Vorwort meint: „‚Der dritte Mann' jedoch sollte nie mehr sein als das Rohmaterial zu einem Film." Er kokettiert natürlich, denn gerade in den Beschreibungen der Szenerie, versteht er es einprägsame Bilder hervorzurufen – in seinem reduzierten Stil, dem Film nicht unähnlich: „Über den Dächern der Inneren Stadt reckte der Stephansdom seinen mächtigen kriegswunden Turm zum Himmel empor." Oder: „... in der Ferne stand der gewaltige schwarze Reifen des Riesenrades unbewegt über den Häuserruinen" Natürlich

Zwischen Himmel und Unterwelt

Graham Greenes „Der dritte Mann"

Riesenrad
II., Prater 90
U1 Praterstern

das Riesenrad: Von Anfang an wird es wie beiläufig in der Erzählung erwähnt, als einziges Relikt im „zerstörte[n] und unkrautüberwuchterte[n] Prater". Um schließlich Schauplatz der Schlüsselszene zu werden: „Langsam versanken auf der einen Seite die Häuser der Stadt unter ihnen, langsam wuchsen auf der anderen die mächtigen stählernen Kreuzträger des Riesenrades vor ihnen empor. Der Horizont wich zurück, die Donau wurde sichtbar und die Pfeilertürme der Reichsbrücke kamen über den Häusern zum Vorschein." Hier gibt sich Harry Lime – im Film legendär verkörpert von Orson Welles – als skrupelloser Opportunist zu erkennen: Er „deutete durch das Fenster auf die Menschen, die tief unten am Fuß des Riesenrads gleich Fliegen umherkrochen. „Würdest du es dir wirklich zu Herzen nehmen, wenn einer dieser schwarzen Punkte aufhören sollte sich zu bewegen – für immer?"◂

Limes und Martins haben an vielen Orten Spuren hinterlassen, viele Möglichkeiten also, darauf zu wandeln. So werden Führungen an die Drehorte angeboten, es gibt ein Museum und das Burgkino zeigt dreimal pro Woche den Film (auf Englisch). Besonders spannend ist natürlich die Kanaltour, die zum Schauplatz des „Showdowns" führt und Gelegenheit bietet Wiens „Unterwelt" kennenzulernen. Nähere Informationen finden Sie unter www.drittemanntour.at

Und der Augarten natürlich ein bisschen Labyrinth [...] Wenn der Brenner geglaubt hat, er kommt bei der Porzellanmanufaktur heraus, ist er beim Kinderschwimmbad gelandet, wenn er geglaubt hat, Jüdische Schule, ist er bei den Sängerknaben herausgekommen, wenn er geglaubt hat, runder Flakturm, war er beim eckigen Flakturm, Irrgarten nichts dagegen." Prägnant gibt der Erzähler von „Wie die Tiere" wieder, welche Auswirkung das barocke Prinzip der Gartengestaltung haben kann: Verwirrung und Verirrung für nicht Ortskundige. Obwohl der Augarten nicht besonders groß wirkt, befinden sich hier verschiedenste Einrichtungen, neben den genannten noch ein Altersheim, ein Museum, das österreichische Filmarchiv, Sportplätze. Teilweise liegen sie versteckt in der französisch gezähmten Natur. Fast wie in einem Märchenwald mitten in der Stadt – ein perfekter Literatur-Schauplatz. Kein Wunder also, dass Wolf Haas seinen Krimi „Wie die Tiere" hier spielen lässt. Denn die verworrenen Wege und dunklen Alleen eignen den „Erlustigungs-Ort", als den ihn Joseph II. für die Wiener bestimmt hatte, nicht nur zum Lustwandeln, sondern auch für fragwürdigere Betätigungen. Oder präziser: das Lustwandeln selbst kann als fragwürdig betrachtet werden, wenn die einen darunter Spaziergang, Spiel und Spaß mit ihren Kindern verstehen, die anderen aber mit ihren Hunden. Ein alltägliches (Wiener ?) Problem, das der 1960

Kinder-Garten und Hunde-Klo

Wolf Haas' „Wie die Tiere"

Augarten
II., Obere Augartenstraße
U2, U4 Schottenring, dann Straßenbahn 31
Obere Augartenstraße

geborende Haas im vorletzten seiner sechs Brenner-Krimis aufgreift: Auf der einen Seite die Tierliebhaber – vom kleinen Zuhälter bis zur alten Dame –, auf der anderen Seite Eltern und Sonnenhungrige, dazwischen der Kampf um die Wiesen und Wege. Täglich zu beobachten im Augarten – wenn auch in weniger rabiater Art als mittels Ausstreuen Stecknadelgespickter Hundekekse! Und weniger lustig als „Wie die Tiere"! Der Augarten erweist sich aber nicht nur als passender Handlungsort einer skurilen Geschichte, er fungiert auch als Metapher für den geistigen und vor allem seelischen Zustand des detektivischen Helden: Labyrinthe und Irrgänge, Verstecktes und Ungewöhnliches finden sich in seinem Denken und in der Ermittlungsmethode Simon Brenners.◄

Wie bereits erwähnt, weist der Augarten ein großes Angebot an kulturellen und sportlichen Betätigungsmölichkeiten auf – nicht zuletzt das sommerliche "Kino unter Sternen". Für kulinarische Versorgung bietet sich das Café des Atelier-Augarten an. Oder die Bunkerei, die Erweiterung des legendären AWAWA-Buffets. Hier gibt es auch immer wieder Veranstaltungen, wie Lesungen oder Konzerte. Informationen unter www.bunkerei.at.

Elias Canetti ist, nach Jahren in der Schweiz und Deutschland, nach Wien gekommen, um Chemie zu studieren. Bekannte schwärmen ihm vom größten Kritiker und – auch wenn er diese Bezeichnung sicher angeprangert hätte – Entertainer Wiens vor: „Wer ihn gehört habe, der wolle nie mehr ins Theater gehen, das Theater sei langweilig verglichen mit ihm, er allein sei ein ganzes Theater, aber besser, und dieses Weltwunder, dieses Ungeheuer, dieses Genie trug den höchst gewöhnlichen Namen Karl Kraus."

Literatur-Liebe im Konzerthaus

oder Karl Kraus stiftet eine Ehe

Konzerthaus, Großer Saal
III., Lothringerstraße 20
Tel. 242 00 2
www.konzerthaus.at
U4 Stadtpark

Der 18-jährige Canetti ist skeptisch, vor allem: „Alles hätte ich eher von ihm geglaubt als seinen Namen und daß ein Mensch dieses Namens zu dem imstande war, was man ihm zuschrieb." Nun ja. Heute fällt schwerer zu glauben, auf welch großen Publikumszuspruch Kraus tatsächlich stieß. Ob er Szenen aus „Die letzten Tage der Menschheit" vortrug oder ganze Stücke anderer Autoren, wie Nestroy oder Raimund, oder einfach nur polemische Kulturkritik, Kraus' Vorlesungen füllten regelmäßig die größten Wiener Veranstaltungssäle.

„Am 17. April 1924 fand die 300. Vorlesung von Karl Kraus statt. Der Große Konzerthaussaal war dazu vorbestimmt worden. Man sagte mir, auch er werde nicht groß genug sein, die Zahl der Anhänger zu fassen." Canetti lässt sich überreden. „Warum uns immer über die ‚Fackel' streiten? Es sei doch richtiger, ich höre den großen Mann einmal selbst." In seiner Autobiografie schildert Canetti die

Stimmung im Saal: „Von Anfang an und während der ganzen Veranstaltung war es die Stille vor einem Sturm. Schon die erste Pointe, eigentlich war es nur eine Anspielung, wurde durch ein Gelächter vorweg genommen, das mich erschreckte. Es klang begeistert und fanatisch, befriedigt und drohend zugleich […]Immer waren es viele und immer war es ein hungriges Lachen. Ich hatte bald heraus, daß die Leute zu einem Mahl gekommen waren und nicht, um Karl Kraus zu feiern."

Kraus sprach nicht ausschließlich an so noblen Orten wie dem Konzerthaus. Kurz vor seinem Tod 1936 hielt er beispielsweise eine Vorlesung im Arbeiterheim Favoriten, X., Laxenburger Straße 8-10.
Ebenfalls berühmt geworden ist Hermann Brochs Vortrag über James Joyces „Ulysses", den er anlässlich des 50. Geburtstag des Autors in der Volkshochschule Ottakring, XVI., Ludo-Hartmann-Platz 7, hielt.

Canetti sollte sich noch zu einem großen Kraus-Anhänger entwickeln. Ein Grund dafür war sicher Veza Taubner-Calderon. Bei seiner ersten Kraus-Vorlesung sah Canetti seine spätere Ehefrau zum ersten Mal.◄

Das Gebäude ist langgezogen, zum Teil von der Straße ein wenig nach hinten versetzt, ein kleiner Buschrabatt mit einem großen Baum davor. Die Fensterrahmen sind grün, die Fassade barocken und schönbrunngelb. Typisch wienerisch-imperialen Flair heischend eben.

Der Roman, der hinter dieser Fassade der Weltliteraturgeschichte eingeschrieben wurde, hätte in keiner passenderen Umgebung entstehen können: Hier, im zweiten Stock des Hauses Rasumofskygasse 20, begann Robert Musil 1925 seine Arbeit am „Mann ohne Eigenschaften". Der erste Teil erschien 1930, zwei Jahre später der zweite. Die Bedeutung des Buches wurde nur vereinzelt erkannt. Musil war enttäuscht, doch unbeirrbar, ging es ihm doch um eine umfassende Analyse der Kultur, der Zeit, der Gesellschaft und eine literarische Darstellung dessen, was den Menschen ausmacht – im vollen Bewusstsein der Unzulänglichkeit der Ausdrucksmittel. Bis zu seinem Tod schrieb er weiter an seinem monumentalen Roman, der dennoch unvollendet blieb. Der „Mann ohne Eigenschaften" spielt zwar in der „Reichshaupt- und Residenzstadt Wien", doch dies ist eigentlich belang los, wie Musil gleich auf der ersten Seite festhält: „ Die Überschätzung der Frage, wo man sich befinde, stammt aus der Hordenzeit, wo man sich die Futterplätze merken musste."

Seine unmittelbare Umgebung mag ihn trotzdem inspiriert haben: Vielleicht dachte Musil ja an die Palais Salm und

Schreiben zwischen Palais

Musils Haus ohne Eigenschaften

III., Rasumofskygasse 20
Tel. 713 10 19
www.gav.at
U3, Rochusgasse

seinen Park, den er von seinem Arbeitszimmer aus sehen konnte, oder Rasumofsky, das sich vis-à-vis befindet, als er „Haus und Wohnung des Mann ohne Eigenschaften" beschrieb. Oder doch an eine Collage aus beiden? „[...] ein Jagd- oder Liebesschlößchen vergangener Zeiten. Genau gesagt, seine Traggewölbe waren aus dem siebzehnten Jahrhundert, der Park und der Oberstock trugen das Antlitz des achtzehnten Jahrhunderts, die Fassade war im neunzehnten Jahrhundert erweitert und etwas verdorben worden, das Ganze hatte also einen etwas verwackelten Sinn, so wie zwei übereinander photographierte Bilder[...]" Das perfekte Domizil also für einen Mann wie Ulrich, der sich auf nichts festlegen möchte...‹

> *Robert Musils Wohnung ist nicht zugänglich – ebensowenig wie das Palais Salm, im Palais Rasumofsky befindet sich die Geologische Bundesanstalt. Ein Stockwerk darunter hat allerdings die Grazer Autorinnen Autorenversammlung, die hier ihren Sitz hat, eine Gedenkstätte eingerichtet. Informationen unter Tel. 713 10 19 und www.gav.at. An der Außenmauer erinnert eine Gedenktafel an den Schriftsteller.*

Zwar befinden sich die meisten Literatencafés in der Inneren Stadt, das Café Zartl im dritten Bezirk zählt dennoch zu jenen mit besonders langer literarischer Tradition. An der Ecke Marxer Gasse / Rasumofskygasse gelegen, war Robert Musil (siehe Seite 50) hier Stammgast. Auch Alfred Polgar, mit dem Musil befreundet war, gehörte zu den Gästen des Zartl, ebenso wie Heimito von Doderer, der Musil weniger zugetan war. Doderer, der, wie man meinen möchte, Wiens Topografie fast gänzlich in seinem Oeuvre verewigt hat (siehe auch Seite 78), hat das Café Zartl auch als Handlungsort für seinen Roman „Die Wasserfälle von Slunj" gewählt. 1963 publiziert, sollte dieser der erste Teil seines „Roman No. 7" sein, dessen Struktur an den Aufbau einer Symphonie angelehnt war. Doderer konnte das Werk allerdings nicht vollenden, der zweite Teil „Der Grenzwald" erschien posthum 1967.

Landstraßer Literatur- lokalität

Das Café Zartl von und mit
Heimito von Doderer

Café Zartl
III., Rasumofskygasse 7
Tel. 712 55 60
U3 Rochusgasse

Obwohl der Titel sich auf die Kaskaden in einer kroatischen Kleinstadt bezieht, spielt der „erste Satz" von Doderers Roman hauptsächlich in Wien, Landstraße. Hier wohnt zu Anfang der Protagonist Chwostik in der Adamsgasse. Von da hat es der aufstrebende „Bureauleiter" nicht weit ins Café Zartl, woer sich in die griechische Mythologie einliest. „Im Café ließ Chwostik die Zeitung liegen. Er ging grüßend an der Sitzkasse vorbei, wo die Frau Chefin, von Spiegeln umrahmt, thronte, und rechter Hand zu einem kleinen verglasten Bücherschrank, der einige Nachschlagewerke zum Gebrauch für die Gäste enthielt […] Chwostik entnahm aus Meyers Konversationslexikon den 11. Band (Lan-M), trug ihn zu dem Marmortischchen, wo sein ‚Schwarzer' stand […]." Gegen Ende des 19. Jahrhunderts gehörten Lexika zur Standardausstattung eines Kaffeehauses wie die Zeitung. Allerdings schummelt Doderer: damals existierte das Kaffeehaus noch gar nicht so, wie er es kannte. Charakteristisch für „Die Wasserfälle von Slunj" ist das Beziehungsgeflecht in dem sich die Figuren zu einander befinden. Doderer versteht es perfekt zu zeigen, wie die Schicksale der Personen ineinandergreifen und, oft unbekannte, Verbindungen wechselwirken. Und so frequentieren auch andere und zu anderen Zeiten das Café Zartl – Donald, Sohn von Chwostiks Chef; Monica, Tochter seiner geheimen Angebeteten, Nichte des Anwalts von Donals Vaters, Donalds und seines Vaters Geliebte; oder Zdenko, Freund dieses Vaters Neffen – denn schließlich sind es die Orte wo sich die Lebenswege oft zwar nicht kreuzen, aber ineinander verschachteln.

Im Kaffehaus selbst erinnert ein Foto an den Dichter, der ihm ein literarisches Denkmal gesetzt hat.‹

Die literarische Tradition des Zartl hat sich erhalten, noch heute kann man immer wieder bekannte Schriftsteller antreffen, bei einem kurzen Schwarzen oder langer Zeitungslektüre. Oder sogar bei der Arbeit: Robert Schindel etwa, der hier seinen erfolgreichsten Roman „Gebürtig" (siehe Seite 76) schrieb.

In einer Linkskurve biegt der O-Wagen in die Ungargasse ein, die sich von der Invalidenstraße leicht ansteigend bis zum Rennweg zieht. Die Ungargasse – ihr Name geht auf das Mittelalter zurück, als ungarische Kaufleute hier ihre Unterkünfte hatten – gehört nicht zu den schönsten Straßen Wiens: Neben der Straßenbahn wird sie auch zweispurig von Autos befahren, obwohl sie dafür eigentlich viel zu schmal zu sein scheint. Die Gehsteige sind wenig belebt und viele Geschäfte stehen leer. Die Häuser stammen aus verschiedenen Epochen, vom Biedermeier bis heute, gemeinsam sind ihnen die faden Fassaden. Dennoch hat die Ungargasse Eingang in die Literaturgeschichte gefunden:

Im Ungar-gassenland

Ingeborg Bachmanns „Malina"

Ungargasse 6 und 9,
Beatrixgasse 26
U3, U4 Landstraße, dann Straßenbahn O
Sechskrügelgasse

Ingeborg Bachmann hat ihr in ihrem einzigen zu Lebzeiten publizierten Roman „Malina" ein Denkmal gesetzt. Vielleicht hat sie ja auch einmal ganz anders ausgesehen? Damals, 1946, als die 20-jährige Klagenfurterin zum Philosophiestudium nach Wien kam und in unmittelbare Nähe, in die Beatrixgasse 26 zog; oder in den 60er-Jahren, als „Malina" entstand. Obwohl Ingeborg Bachmann nur wenige Jahre in Wien lebte und sich nach Aufenthalten u.a. in München, Zürich und Paris schließlich in Rom niederließ, ist die Stadt vorwiegender Schauplatz ihres Werkes geblieben. Die Zeit in der Landstraße – ihre zweite Wohnung befand sich ebenfalls hier, in der Gottfried-Keller-Gasse 13 – muss einen großen Eindruck hinterlassen haben: „Washington und Moskau und Berlin sind bloß vorlaute Orte, die versuchen, sich wichtig zu machen.

In meinem Ungargassenland nimmt sie niemand ernst...",
schreibt die Ich-Erzählerin aus „Malina". Egal wo sie ist,
immer sehnt sich die Protagonistin hierher zurück – gerade
weil die Gegend nicht zu den repräsentativsten Wiens zählt
und natürlich weil ihr Geliebter Ivan – er ist ein Ungar –
auch hier wohnt. Aber so
idyllisch, wie es am An-
fang scheint, ist es nicht
zwischen Ungargasse 6,
wo sie lebt, und 9, wo er
seine Wohnung hat: Inge-
borg Bachmann verwen-
det das „Ungargassen-
land" mit seinen engen
Grenzen als Bild für die
Angst und Beklemmung,
die die namenlose Prota-
gonistin im Laufe des Romans ergreifen. Je größer die
Angst, desto fester klammert sie sich an ihr kleines „Land"
und umso mehr verliert sie den Zugang zur „Außenwelt".
Als Ivan immer zurückweisender wird, ist ihr psychischer
Verfall nicht mehr aufzuhalten...◂

> *Leider gibt es weder in der Ungargasse noch an den Wohnhäusern Bachmanns Gedenktafeln oder Hinweise auf „Malina". Am Haus Beatrixgasse 18 befindet sich aber eine Gedenktafel für Adalbert Stifter, der hier ab 1837 wohnte.*

„Immer wenn wir nicht wissen, was wir an einem Sonntagnachmittag anfangen sollen, gehen wir ins Arsenal." Und das ist häufig der Fall für die Erzählerin in Marlen Haushofers „Die Mansarde" und ihren Mann Hubert. Denn am Sonntag beansprucht sie keine Arbeit. Es ist der Tag, an dem sie am meisten spüren, dass in ihrem Leben nicht alles verlaufen ist, wie sie es wollten. Marlene Haushofer, geboren 1920 in Oberösterreich, war lange fast nur durch ihre Kinderbücher bekannt. Nach ihrem Tod 1970 wurde sie von der feministischen Literaturkritik wieder entdeckt. Vor allem ihr Roman „Die Wand" erlangte große Bekanntheit. Anders als in diesem, ist die Protagonistin in „Die Mansarde" nicht gezwungen, sich ohne Zivilisation in einer radikal unerwarteten Situation der Zukunft zu stellen, sondern muss erst alte Lasten abschütteln. Beinahe hat sie schon vergessen, was vor 17 Jahren passiert ist, doch dann werden der Ich-Erzählerin Blätter aus ihrem damaligen Tagebuch zugesandt und alles ist wieder da. Vielleicht geht sie deshalb so gerne ins Arsenal. Denn: „... das Dahindämmern der Vergangenheit in diesem Haus hatte die Verlockung, die jeder Vergangenheit anhaftet, auch wenn man diese Vergangenheit hassenswert oder abscheulich findet, hassenswert und abscheulich nur, weil sie so verlockend ist." Um weiterleben zu können, muss sie diese Vergangenheit endlich aufarbeiten.

Ein Museum, Ort des Bewahrens, als Lieblingsplatz einer Frau, die verdrängen will? Noch dazu das Heeres-

Wie es gewesen ist ...

Das Arsenal in „Die Mansarde"

HGM – Heeresgeschichtliches Museum
III., Arsenal, Objekt 1
Tel. 79561-0
www.hgm.or.at
U1 Südtiroler Platz, dann 13A Südbahnhof

geschichtliche Museum? Marlen Haushofer wählt den Schauplatz sehr geschickt, denn es ist die zurechtgerückte Vergangenheit, die sich hier zeigt: „Kein Museum in dieser Stadt ist so gepflegt und mit Liebe betreut […] Man staunt darüber, aber im Grunde ist es ganz natürlich und einleuchtend." In der exotischen maurisch-neogotischen Architektur des Arsenal, präsentiert sich die österreichische Militärgeschichte. Von vielen Seiten beleuchtet wird, was, mit wenigen Ausnahmen, wenig glorreich war. Am deutlichsten veranschaulicht dies wohl die Marine-Sammlung, die zeigt, welche Seemacht Österreich einmal sein wollte.◄

„Ich besuche den Radetzky-Saal, den Erzherzog-Karl-Saal und den Prinz-Eugen-Saal und staune insgeheim über die wunderbare Ordnung [...]" – neben den Exponaten der „Seemacht Österreich", finden sich in den verschiedenen Sälen des Heeresgeschichtlichen Museums Ausstellungen zur Türkenbelagerung, zu den Franzosenkriegen, zu den Weltkriegen... Übrigens: Herbert, der Ehemann der Erzählerin geht so gerne ins HGM, weil er glaubt, auf einem der Fotos aus dem Ersten Weltkrieg seinen Vater zu erkennen.

Das Belvedere ist ein geschichtsträchtiger Ort: Errichtet wurde das Palais für Prinz Eugen, später wohnte hier Thronfolger Franz Ferdinand, heute ist hier die Österreichische Galerie mit ihrer großen Klimt- und Schiele-Sammlung untergebracht. Dass die Unterzeichnung des österreichischen Staatsvertrags am 15. Mai 1955 hier stattfand, mag auch am inszenatorischen Mehrwert liegen, den die sich gegenüber liegenden Palais und der barocke Schlosspark bieten, und der bekanntlich schon einen Canaletto angezogen hat. Und selbstverständlich hat die visuelle Attraktivität von Palais und Park nicht nur für ihren Eingang in die Realhistorie gesorgt, sondern ihren Niederschlag auch in der Literaturgeschichte gefunden – zum Beispiel bei Friederike Mayröcker und Ernst Jandl. Sie in der Menge der Schriftsteller, durch die das

Schöner Garten schöner Texte

Friederike Mayröcker und Ernst Jandl

Schlosspark Belvedere, Botanischer Garten
III., Rennweg 14
Tel. 277-54100 (ganzjährig geöffnet)
www.botanik.univie.ac.at/hbv/" www.
botanik.univie.ac.at/hbv/
U4 Landstraße, dann Straßenbahn O
Rennweg

Belvedere zum literarischen Schauplatz wurde hervorzuheben, ist aus zwei Gründen interessant: Einerseits waren die beiden, wie man weiß, bis zu Jandls Tod im Jahr 2000 ein Paar, ihre Literatur könnte aber unterschiedlicher nicht sein und so auch ihre Arbeiten zum Belvedere nicht. Andererseits haben beide sich in mehreren Werken nicht nur der Schlossanlage selbst, sondern auch deren Umgebung gewidmet. In ihrem Prosatext „Schöner Garten schöner Träume", 1955 entstanden und gemessen an späteren Werken der Autorin noch recht konventionell, erinnert sich Mayröcker an Spaziergänge durch „die Seitengänge dieses Gartens" und den „Blick auf den Teich, eine geahnte Bläue des leise gekräuselten Wassers". Mayröcker bedient sich in zahlreichen Gedichten eines botanischen Vokabulars – so heißt eines „Taxusbäume im Eis", was wiederum an Hofmannsthals Beschreibung des Belvedere-Parks im Vorwort zu Schnitzlers „Anatol" erinnert –, tatsächlich trägt aber ein Gedicht Jandls den Titel „botanischer garten, wien". Dessen Eingang liegt gleich neben dem Teich, den Mayröcker schildert. Jandl zählt aber keine Blumen auf, sondern

Nur ein paar hundert Meter entfernt liegt das Haus, wo Ernst Jandl aufwuchs. Er hat es in dem Gedicht „frühe übung einem einen wichtigen sachverhalt einzuprägen" dokumentiert: „merk dir / du heißt / ernst jandl / und wohnst / wien 3 / landstraßer / gürtel / sagte / die mutter / 9 / zu mir" Das Gedicht besteht nur aus syntaktischen Variationen dieses einen Verses.

reflektiert die Entlassung Konrad Bayers, der zufällig in der gleichen Bank gearbeitet hatte, wie sein Vater – sie sollten sich nicht mehr sehen, „auch nicht im botanischen garten / denn es könnte ihm schaden mit ihm / gesehen zu werden irgendwo". Auch bei Mayröcker taucht er wieder auf, in einem kurzen Text, der der gleich nebenan gelegenen „Jacquingasse" gewidmet ist: „Du fühlst die Brüchigkeit der hohen Balkone und wie sie hinüberschauen in den Botanischen Garten."‹

Der 1942 in Griffen in Kärnten geborene Peter Handke ist viel herum gekommen. Schon als Kind, während des Krieges, lebte er kurze Zeit in Berlin, wohin er auch als gefeierter Jungschriftsteller wieder zog. Er hatte noch weitere Wohnsitze in Deutschland, lebte in Salzburg, den USA und seit Anfang der 90er-Jahre in Frankreich. Auch Handkes Werke sind von dieser örtlichen Unruhe geprägt – nicht nur spielt Bewegung, Reisen in seinen Büchern eine Rolle, sie selbst spielen an internationalen Schauplätzen. Wien, wo er auch nie länger gelebt hat, nimmt keinen besonderen Platz in seinem Werk ein.

Zwischen Standln

Der Naschmarkt bei Peter Handke und Doron Rabinovici

Naschmarkt
U4 Kettenbrückengasse

Einzig die 1970 publizierte Erzählung „Die Angst des Tormanns beim Elfmeter" ist hier angesiedelt. Dafür hat sich Handke gleich einen besonders charakteristischen Schauplatz ausgesucht: den Naschmarkt. „[Josef Bloch] ließ sich zum Naschmarkt fahren. Es war ein schöner Oktobertag. Bloch aß an einem Stand eine heiße Wurst und ging dann zwischen den Ständen durch zu einem Kino." Bloch, ehemaliger Fußballprofi und Monteur, der vermeintlich gerade seinen Job verloren hat, wird im Lauf der Geschichte die Kassierin des Kinos töten und aus Wien fliehen.

Die Stände auf dem Naschmarkt sind vielleicht noch dieselben, die Umgebung hat sich aber in den letzten Jahren stark verändert. Das Kino – auf der Linken Wienzeile gab es bis in die 70er-Jahre eines –, das einschlägige Assoziationen weckt, existiert nicht mehr. Auch trifft wahrscheinlich nicht mehr zu, dass „die Wände der Holzbaracken schwarz von Urin" sind.

Heute prägt eine bunte Mischung das Bild des größten Wiener Lebensmittelmarkts: Türkische Gemüsestandln neben Edelessigboutiquen und g'standenen Fleischhauern; es gibt Teehändler und Biobauern, Salzgurkenfässer und Asiashops. Und immer mehr Gastronomiebetriebe: Das Angebot reicht von zahlreichen Kebab- und Würstlstandln über internationale Szene- und uralte Wiener Beisln zu feinen Restaurants. Das zieht besonders immer mehr junge urbane Leute an, die vom ersten bis zum letzten Sonnenstrahl des Jahres die Lokale füllen, aus dem großen Angebot ihre Einkaufskörbe füllen und die Atmosphäre genießen. Kein Wunder, dass auch dieses neue Naschmarktflair schon literarisch gewürdigt wurde: In Doron Rabinovicis 2004 erschienem Roman „Ohnehin". Rabinovici, 1961 in Tel Aviv geboren und seit 1964 in Wien lebend, erzählt darin die Geschichte von Stefan Sandtner, der mit dem Vergessen kämpft... Das Bild, das der Autor vom Naschmarkt zeichnet, ist faszinierend und facettenreich – obwohl für Sandtner mit so schmerzlichen Erinnerungen verknüpft.‹

Besonders an Samstagen empfiehlt sich ein Ausflug auf den Naschmarkt: Dann findet etwas stadtauswärts der Flohmarkt statt und (Bio-)Bauern bieten direkt ihre Produkte an.

ohann Nepomuk Nestroy, gerade zweiunddreißig Jahre
alt geworden, sitzt am Schminktisch seiner Garderobe
im Theater an der Wien. Er schaut in den Spiegel, schminkt
sein Gesicht für die vierzigste Vorstellung des Stückes
„Der konfuse Zauberer" und verflucht sein mißratenes
Leben." – so lauten die ersten Sätze von Peter Turrinis
Novelle „Die Verhaftung des Johann Nepomuk Nestroy".
Darin erzählt der 1944 in Kärnten geborene Autor eine
Episode aus dem turbulenten Leben des 143 Jahre älte-
ren Kollegen. Man
schreibt das Jahr 1833
und Nestroy ist schon

Possen an
der Wien

Turrinis Novelle über Nestroys Theater

zwei Jahre als Komödi-
ant am Theater an der
Wien. Darunter leidet
der Bürgerssohn –
zumindest in Turrinis

Theater an der Wien
VI., Linke Wienzeile 6
Tel. 588 85
www.theater-wien.at" www.theater-wien.at
U1, U2, U3 Karlsplatz

Geschichte –, der schon
als Tragöde auf der
Bühne gestanden hat.
Doch das Publikum
liebt ihn und das
Stück „Der böse Geist

Lumpazivagabundus", über dessen Entstehung die Novelle
handelt, wird sein erster großer Erfolg als Autor. Auch die
folgenden Stücke werden bejubelt, Nestroy übernimmt
darin immer eine Rolle. Mit „Der Talisman", „Einen Jux
will er sich machen" oder „Der Zerissene" gilt er heute –
mit oder noch vor Ferdinand Raimund (siehe Seite 64) – als
der bedeutendste Verfasser Wiener Volksstücke. Viele
seiner Possen erlebten ihre Uraufführung im Theater an
der Wien, das seit 2006 als Opernhaus geführt wird und
davor lange als Musicalbühne diente. Unter Carl Carls
Direktion wurde das Theater an der Wien, das Emanuel
Schikaneder 1801 errichten hatte lassen, in der ersten

Hälfte des 19. Jahrhunderts zur wichtigsten Volksbühne Wiens. Äußerlich entspricht es nicht mehr ganz dem Gebäude, wo Nestroy auftrat – nur noch das sogenannte Papageno-Tor in der Millöckergasse ist davon erhalten. Und auch die Wienzeile – heute eine viel befahrene Straße mit dem viel besuchten Naschmarkt in der Mitte – hat sich verändert. Zu Nestroys Zeit war die Wien noch unbefestigt, und so heißt es am Ende von Turrinis

1837 erwarb Carl Carl das Leopoldstädter Theater, ließ es von den späteren Opern-Architekten Sicardsburg und van der Nüll umbauen und 1847 unter dem Namen Carltheater wiedereröffnen. Das Theater wurde im Zweiten Weltkrieg zerstört, heute befindet sich an seiner Stelle der „Galaxy-Tower". Der Platz davor wurde allerdings nicht nach dem Besitzer benannt, sondern dessen von 1854 bis 1860 amtierenden Direktor gewidmet: Johann Nestroy. Genau gegenüber steht der „Nestroy-Hof", ein schönes Jugendstilgebäude, und unweit davon auf der Praterstraße, Höhe Nr. 19, ein Denkmal. Etwas entfernter, aber auch noch im zweiten Bezirk, befindet sich die Nestroygasse, eine Seitengasse der Leopoldsgasse.

Hommage: „Die Obdachlosen kriechen über die Böschung des Wienflusses herauf und beobachten die Szene. Alle jubeln Nestroy zu."‹

D as ehemalige Haus „Zum goldenen Hirschen" fällt auf zwischen den hohen Gründerzeit- und Jugendstil-Wohnhäusern und Kaufhausneubauten auf der Mariahilfer Straße: Es hat nur drei biedermeierlich niedrige Stöcke, die Fassade ist schlicht und das stets geöffnete Haustor gibt den Blick auf einen gepflasterten Hinterhof frei. Am anderen Ende des Hofs führen ein paar Stufen zu einem zweiten kleineren Hof, und dann zu noch einem und noch einem, bis man schließlich auf der Windmühlgasse landet, dem hektischen Treiben der Einkaufsstraße entkommen. Hier kam am 1. Juni 1790 Ferdinand Raimund zur Welt. Im Wien des 18. Jahrhunderts wurden viele sogenannte „Durchhäuser" errichtet. Diese Bauform mehrerer hintereinander gelegener Höfe,

Durchhäuser zum Theater

Ferdinand Raimund in Mariahilf

Raimund-Hof
VI., Mariahilfer Straße 45
U3 Neubaugasse

war ideal für die Bedingungen der Innenstadt und der zunehmend dichter besiedelten Vorstädte, da Wohnraum geschaffen wurde, ohne auf die Annehmlichkeit einer Verbindung zwischen zwei wichtigen Straßen zu verzichten. Obwohl das Haus im 19. Jahrhundert umgebaut wurde, schmücken noch immer die ursprünglich namensgebenden Hirschen die Tore, es heißt nun aber Raimund-Hof. Zwei Schaukästen hat die Raimund-Gesellschaft zur Erinnerung an den Dichter, der hier in kleinbürgerlichen Verhältnissen aufwuchs, installiert; es gibt auch eine kleine Gedenkstätte. Ans Theater brachte Ferdinand Raimund ausgerechnet seine Zuckerbäckerlehre: Er verdingte sich zunächst als Süßigkeitenverkäufer. Doch schon bald arbeitete er als Schauspieler, 1823 hatte sein erstes eigenes Bühnenstück

„Der Barometermacher auf der Zauberinsel" Premiere. Mit den folgenden Werken führte er das Wiener Volksstück zu einem Höhepunkt: Die Posse mit ihren publikumswirksamen Gesangseinlagen und Zauberelementen verband er mit dem moralischen Anspruch des hohen Dramas. Aufgeführt wurden seine Stücke vornehmlich im Theater in der Leopoldstadt (siehe Seite 63), das heute nicht mehr exisitert.◄

Knapp 60 Jahre nach seinem Tod wurde Raimund das wohl größte Denkmal für einen Dramatiker gesetzt: Ein privater Bürgerverein (!) ließ ihm zu Ehren in der Wallgasse in seinem Heimatbezirk Mariahilf ein Theater erbauen. Eröffnet wurde das Raimund-Theater am 28. November 1893 mit seinem Stück „Die gefesselte Phantasie". Heute ist es Spielstätte vor allem für Musicals und Operetten. Das Programm ist unter www.musicalvienna.at/ produktionen/spielplan abrufbar. Raimund-Stücke stehen immer wieder auf dem Spielplan des Theaters in der Josefstadt und des Volkstheaters. Im Weghuberpark hinter dem Volkstheater befindet sich auch das beeindruckende Denkmal Raimunds von Franz Vogl. Und das Café Raimund vis-à-vis des Volkstheaters wurde nach dem Zweiten Weltkrieg zum Treffpunkt des Kreises junger Dichter um Hanz Weigel.

Wozu soll sowas gut sein? – Eine raunzerische Frage, die angesichts von Investitionen in kulturelle Einrichtungen oft gestellt wird. Auch in einer Stadt, die sich gerne mit dem Präfix „Kultur-" präsentiert, nicht selten gehört. An solch grantlerndes Banausentum mag auch Ernst Jandl gedacht haben, als er im September 1991 anlässlich der Eröffnung des Literaturhauses diesem einige Stanzen widmete: „und wea wiadn do jetz sitzn / in den scheenen literaturhaus?", fragt er in einem der kurzen Gedichte mit dem Titel „benützer des hauses", wo auch gleich die Antwort folgt: „nadialli de schdudentn, de germanistn". Genau. Denn an die richtet sich das Literaturhaus mit seinen verschiedenen Einrichtungen: Da ist zum Beispiel das Dokumentationsarchiv österreichischer Literatur des 20. und 21. Jahrhunderts, wo u.a. alle Zeitungs- und Zeitschriftenartikel über österreichische Autoren und ihre Werke gesammelt werden, und das für deren Erforschung eine hilfreiche Quelle darstellt. Oder die sogenannte Exilbibliothek, wo das Schaffen österreichischer Literaten im Exil ab 1933 dokumentiert und aufgearbeitet wird. Oder die Erich-Fried-Gesellschaft, die alljährlich ein Symposion, die Erich-Fried-Tage, veranstaltet und den Erich-Fried-Preis vergibt. Im Literaturhaus hat aber auch die IG Autorinnen Autoren ihren Sitz, eine Interessensvertretung der österreichischen Schriftsteller, genau so wie jene der Übersetzer. Die letzte Zeile in Jandls Gedicht ist also wohl

In den scheenen Literaturhaus

Ein Ort für Schreiber, Leser, Forscher, Werke

Literaturhaus
VII., Seidengasse 13 bzw. Zieglergasse 26A
Tel.: 526 20 44 - 0
www.literaturhaus.at
U3 Zieglergasse

eher als Pointe gemeint, als dass sie wirklich die Tätigkeiten der Literaturwissenschafter und -studenten schildert: „und wos weans duan? – schwitzn weans, wias imma schwitzn"

Das Literaturhaus beherbergt aber nicht ausschließlich Forschungs- und Dokumentationsinstitutionen, sondern bietet auch Veranstaltungen für Literaturliebhaber. Dazu zählen Ausstellungen genauso wie

Ein Tipp für literaturinteressierte Kinder und Jugendliche: Seit 1993 lädt Mirjam Morad zweiwöchentlich alle zwischen zehn und 18 zur Diskussion über ein Buch. Die „Jury der jungen Leser" vergibt seit 1995 außerdem alljährlich einen Preis für das beste Kinder- bzw. Jugendbuch.
Für weitere Informationen: www.juryderjungenleser.at
Übrigens: Einmal im Monat findet auch eine offene Buchdiskussion für alle über 18 statt.

Lesungen noch unbekannter Autoren. Und auch arrivierte Schriftsteller haben hier Auftritte: Neben Ernst Jandl hat seine Lebensgefährtin Friederike Mayröcker (siehe Seite 58) ebenso schon im Literaturhaus gelesen wie Elfriede Jelinek (siehe Seite 74).◄

Es erinnere an eine atzekische Pyramide, hieß es vielerorts als das Gebäude am Gürtel seiner Vollendung zuging, hat doch der Architekt Ernst Mayr an der Stirnseite eine breite Treppe einer vertikal in die Höhe ragenden Fassade vorgezogen. Doch es handelt sich um eine andere Art Heiligtum, als jene der blutrünstigen Azteken: Die Hauptbibliotek der Städtischen Büchereien Wien – mit 288.000 Bänden ein wahrer Buchtempel. Literatur zu allen Wissensgebieten gibt es hier, dazu noch eine große Mediathek. Aber auch die Auswahl an Belletristik – auch fremdsprachiger! – ist groß. Die Bücher, CDs und Filme können bis zu vier Wochen entliehen werden. Doch wenn man die Bibliothek besucht, fällt auf, wieviele Besucher einfach hier lesen. Die Leseecken sind dafür mit bequemen Couchen und Fauteuils auch genau richtig eingerichtet.

Pyramide über Pissoir

Hauptbücherei der Städischen Büchereien Wien

VII., Urban-Loritz-Platz 2a
www.buechereien.wien.at
Tel. 4000 84 500
Öffnungzeiten: Mo-Fr 11-19, Sa 11-17
U6 Burggasse

Seit 2003 befindet sich die Hauptbücherei im „Bücherschiff" (so die Assoziation, die der Bau eigentlich hervorrufen sollte). Sie ist damit nicht nur größer und schöner geworden als an ihrem früheren Standort in der Skodagasse, sondern auch besser erreichbar: Der Ausgang der U6-Station Burggasse zum Urban-Loritz-Platz hin, wurde einfach in das Gebäude integriert. Durch eine ausgeklügelte Trägerkonstruktion konnte das Gebäude über den Gleisen – es scheint fast zu schweben – gebaut werden, ohne die denkmalgeschützte frühere Stadtbahnstation zu verändern.
Diese war allerdings schon einmal Schauplatz von Literatur, bevor sie zu deren Umschlagplatz wurde: In Marlene

Streeruwitz' Drama „New York. New York." Der Titel
täuscht, das Stück spielt zur Gänze im „Vorraum zum
Herren-WC der Stadtbahnhaltestelle Burggasse". Hier,
im „seit dem 12er Jahre unrenoviert[en]" Urinreich
der strickenden Klofrau
Horvath, treffen Profes-
soren auf Zuhälter, Strip-
perinnen auf Schwangere
und japanische Tou-
risten. Absurde Abgrün-
de offenbaren sich am
Abort. Wer vom Bahn-
steig den Aufgang Burg-
gasse/Gablitzgasse wählt,
kommt an diesem, für
die Jugendstil-U-Bahn-
Stationen Otto Wagners
typischen, öffentlichen
WC vorbei. Ob „die ori-
ginale Tafel ‚k. k. Piß- und Bedürfnisanstalt' und ein
Doppeladler in Schwarz-Gold" noch dort hängen? Zur Zeit
der Entstehung dieser Zeilen, war eine Überprüfung nicht
möglich: Wegen Renovierung gesperrt.◄

> *Auch auf der Fassade der*
> *Hauptbibliothek ist Platz für*
> *Literatur: Auf den parallel zum*
> *Gürtel verlaufenden Mauern*
> *befindet sich als Installation*
> *eine Arbeit des Künstlers und*
> *visuellen Dichters Heinz*
> *Gappmayer: In riesigen Lettern*
> *stellt es schriftbildlich dar, was*
> *Literatur im Allgemeinen her-*
> *vorrufen will: ECHOHƆƎ*

Anlässlich der Uraufführung in Berlin schrieb Alfred Polgar über Ödön von Horvaths berühmtestes Theaterstück: „Wienerisch an den ‚Geschichten aus dem Wiener Wald' ist außer dem Dialekt, den die Figuren sprechen, die viele Zeit, welche sie haben, und daß sie bei ihrem Tun und Lassen mehr lassen als tun. Deshalb kann häufiger Schauplatz der Vorgänge die Straße sein, wo die dort angesiedelten Geschäftsleute, zum Zweck des Dialogs, öfter draußen vor, als drinnen hinter ihrem Laden stehen."

Eine stille Wald-Straße

Josefstädter Gestrüppgeschichten

VIII., Lange Gasse 29
U2 Rathaus

Und bei dieser Straße handelt es sich um eine „im achten Bezirk", wie Horvath für einen Bühnentext ungewöhnlich präzise angibt. Natürlich mit gutem Grund, denn die Ortsangabe dient gewissermaßen der Milieubeschreibung – eben das Josefstädter Kleinbürgertum. Als reales Vorbild für „Oskars gediegene Fleischhauerei" und die neben liegende „Puppenklinik mit Firmenschild ‚Zum Zauberkönig'", mit dem „Balkon mit Blumen, der zur Privatwohnung des Zauberkönigs gehört" darüber, hat Horvath die Lange Gasse, genauer Haus Nr. 29, gedient. Mit dem überdimensionalen Balkon gleich über dem Eingangstor, sieht es mehr nach einer Theaterkulisse als nach einem normalen Wohnhaus aus.

Vor diesen Geschäften also entspinnt sich – wieder mit Polgar – „ein Volksstück und die Parodie dazu." Die Geschäftsinhaber und ein paar andere Figuren treiben durch gesellschaftlichen Zwang unaufhaltsam auf die Katastrophe zu. Unüberlegtheit, ein wenig Schicksal, oder was sie dafür ausgeben, und spießbürgerliche Hinterlist beschleunigen das

Treiben und offenbaren das Lächerliche, vielleicht traurig, sicher nicht tragisch zu nennende daran.

Der Wienerwald ist zwar ebenfalls Schauplatz, der Titel ist aber nicht nur darauf zurückführen: Für ihn stand der Strauß-Walzer „Geschichten aus dem Wienerwald" Pate (man beachte die veränderte Schreibweise!), der nach Horvaths Regie-Anweisung immer wieder ertönt und das Grotesk-Wienerische mit ein wenig Walzer-Seligkeit unterstreicht. In einer dritten Lesart – die Interpretation von Oskars Fleischerei als Vorläufer des bekannten Hendlbraters eimal abgesehen – könnte man den Wald auch als Metapher – und als solche nicht weiter ungewöhnlich – für das Undurchdringlich-intrigante im Beziehungsgeflecht der Figuren sehen. Egal wo sie sich gerade physisch befinden, immer bleiben sie im aus Boshaftigkeit und Konventionen gewachsenen Dickicht ihrer „stillen Straße im achten Bezirk" gefangen. Der Wiener Wald – eine Abwandlung des Großstadtdschungels, Wien, der kleinsten Weltstadt und weltgrößten Kleinstadt, angemessen.◄

Die „Geschichten aus dem Wiener Wald" wurden mehrfach verfilmt. In Erich Neubergs Version aus 1961 verkörpert der junge Helmut Qualtinger den Oskar, 18 Jahre später spielte er unter der Regie von Maximilian Schell den Zauberkönig. Diese Adaption ist in der DVD-Edition „Der österreichische Film Edition Der Standard" erhältlich.

Schon bevor Stefan Zweig ins Exil gehen musste – über England und die USA kam er schließlich nach Brasilien, wo er 1942 mit seiner Frau Charlotte Selbstmord beging –, war der gebürtige Wiener ein Kosmopolit. Zweig, aus wohlhabender Familie stammend, unternahm zahlreiche Reisen, u.a. nach Indien, wohnte in Berlin, London, Zürich, Paris. Aber auch in Wien hatte er viele Adressen, besonders frequentierte er, was als „Zweigsches Drei-Bezirke-Eck" bezeichnet werden könnte: Der Schottenring, wo eine Gedenktafel die Nr. 14 als Zweigs Geburtshaus ausweist, im ersten Bezirk, im Alsergrund die Wasagasse mit ihrem Gymnasium (und ebenfalls einer Gedenktafel), wo später auch Friedrich Torberg und Erich Fried zur Schule gehen sollten, und schließlich der achte Bezirk zwischen Josefstädter und Alserstraße.

Kosmopolit in der Kochgasse

Stefan Zweig

VIII., Kochgasse 8
U2 Rathaus

Wie Elfriede Jelinek (siehe Seite 74) hatte Zweig eine enge Beziehung zur Josefstadt. Hier wohnte er schon in seiner Studentenzeit, u.a. in der Tulpengasse und in der Buchfeldgasse. 1907 war der 26-jährige schon weit gereist und hatte einige literarische Erfolge erzielt. „... die Manuskripte begannen sich zu dicken Paketen zu stauen, und man konnte diese willkommene Last schließlich nicht durch die Welt schleppen. So nahm ich mir eine kleine Wohnung in Wien, […] ein pied-à-terre." Diese Bleibe, die eigentlich nur als Ausgangspunkt für weitere ausgedehnte Reisen dienen sollte, ist dem Schriftsteller in besonderer Erinnerung geblieben, denn in der Wohnung über ihm lebte die Tochter von Goethes Leibarzt. „Mir wurde ein wenig schwindelig – es gab 1910 noch einen Menschen auf dem Goethes heiliger Blick geruht! [...] Ein letzter dünner Faden [...] verband durch dies gebrechliche irdische Gebilde die olympische Welt Weimars mit diesem zufälligen Vorstadthaus Kochgasse 8", schreibt er in seiner posthum erschienenen Autobiografie „Die Welt von Gestern". Die Gedenktafel an diesem Haus erinnert heute allerdings nur an den Schriftsteller selbst. Aber auch sonst dürfte der achte Bezirk bei Zweig Eindruck hinterlassen haben, den er in seinem Werk verarbeiten konnte: So ist ein Schauplatz in „Ungeduld des Herzens" – übrigens Zweigs einziger vollendeter Roman – die Florianigasse kurz vor dem Ersten Weltkrieg, also zu der Zeit als Zweig seine Wohnung in der Kochgasse unterhielt. Hier hat sich Dr. Condor niedergelassen – allerdings liegt seine „Armeleutepraxis" („Reiche Patienten werden anders empfangen") im Haus Nummer 97 in einer fiktiven Verlängerung der Straße. Das letzte Gebäude der Florianigasse trägt die Nummer 73.‹

> *Das Stefan-Zweig-Archiv befindet sich ganz in der Nähe, im Bezirksmuseum Josefstadt, Schmidgasse 18. Informationen und Öffnungszeiten finden Sie unter Tel. 403 64 15 und www.bezirksmuseum.at/josefstadt.*

Wenn von Elfriede Jelineks „Die Klavierspielerin" die Rede ist, wird meist besonders auf zwei Aspekte des 1983 publizierten Romans hingewiesen: die symbiotisch-parasitäre Mutter-Tochter-Beziehung und ihre Paralellen in der Biografie der Autorin, einerseits und die wahlweise als „schonungslos" oder „pervers" bezeichnete Schilderung sexueller Wünsche und Praktiken, andererseits. Was seltener erwähnt wird, ist Jelineks Abrechnung mit Wien als Stadt der Kunst und Musik – vielleicht, weil das sogar als größerer Tabubruch angesehen wird, als vermeintlich porno-grafische Szenen? Nicht mehr Muse und Frei-heit sind in der „Kla-vierspielerin" Ideale, die Kunst ist zum (klein-)bürgerlichen Medium sozialer Aner-kennung verkommen: Wer nix is', der muss was können. Und hin-

Mitten im Achten

Elfriede Jelineks Josefstadt

VIII., Laudongasse
U3 Westbahnhof, dann Straßenbahn 5
Laudongasse

ter diesem Können in der Kunst stehen Disziplin, Strenge, Zwang – ausgeübt von der Mutter auf Erika und von Erika auf ihre Schüler. Ein Schauplatz dieser Machtspiele ist das Wiener Konservatorium in der Johannesgasse, wo die Klavierspielerin einst lernte und nun lehrt. Auch Elfriede Jelinek ist durch diese Schule gegangen, im räumlichen wie sprichwörtlichen Sinn. Allerdings studierte sie Orgel.

Der eigentliche Schauplatz ist der achte Bezirk, die als bürgerlich bekannte Josefstadt. Hier leben Erika Kohut und ihre Mutter in einer Mietwohnung. Wie in der Welt der Musik, wo hinter der melodiösen Oberfläche, Regidität, ja Unfreiheit herrscht, stehen auch die schönen Fassaden im Widerspruch zu dem, was in den Häusern passiert. „Der achte Wiener Gemeindebezirk ist ein beliebtes Viertel, was das Morden angeht. […] in jedem Haus [wohnt] mindestens ein so ein altes Muatterl und öffnet brav dem Gaskassierer" Aber Erika kann nicht aus, überhaupt zieht es sie immer wieder zur Mutter ins Nest: „Schon winkt der achte Bezirk mit Heimatnotdurft, im Stall frisches Heu."

Auch dies ist ein autobiografischer Zug des Romans: Jelinek wuchs in der Josefstadt auf. Sie wohnte mit ihren Eltern in einem Mietshaus in der Laudongasse, das heute nicht mehr existiert, und besuchte das Gymnasium in der nahen Albertgasse. „Die Mutter besteht darauf, daß die Fenster beim sogenannten ‚Konzertgeben' jener süßen Belohnung für braves Üben, stets weit geöffnet sind, damit die Nachbarn ebenfalls in den Genuß süßer Weisen gelangen." Bei Erika wie bei Elfriede.◂

Auch der 1980 erschienene Roman „Die Ausgesperrten" spielt zum Teil im achten Bezirk. Einer der Protagonisten, Hans, wohnt in einem Gemeindebau in der Kochgasse – die Arbeiterträume erweisen sich als nicht weniger kleinbürgerlich, als die Träume von Mutter Kohut.

Eigentlich hatte Herrmann Gebirtig nie wieder nach Wien kommen wollen – in seine Geburtsstadt, von wo er ins Konzentrationslager Ebensee verschleppt wurde. Anders als der Rest seiner Familie hat der Protagonist aus Robert Schindels Roman „Gebürtig" überlebt. In New York hat er es zum erfolgreichen Bühnenautor gebracht. Als ihn die junge österreichische Journalistin Susanne aufsucht, um ihn dazu zu bringen, beim Prozess gegen einen ehemaligen Aufseher aus Ebensee auszusagen, willigt er schließlich ein, nach Wien zu reisen. Eigentlich will er nur einen Tag bleiben, denn er ist überzeugt, dass sich die Stadt nicht verändert habe, der Antisemitismus der Bewohner, wenn auch versteckter doch nicht vermindert sei. Er scheint sich getäuscht zu haben, in Wien angekommen erfüllt ihn der Wunsch, die Orte seiner Kindheit aufzusuchen: In der Skodagasse zieht er in eine Pension, kommt an der Hauptbibliothek vorbei (die mittlerweile auf den Gürtel übersiedelt ist, siehe Seite 68), dann in der Florianigasse, wo er einst wohnte, das Café Florianihof. Er erinnert sich: „… im hellen Licht des Cafés, in der großen Wärme, die Neue Freie Presse und hinter ihr Papá mit der randlosen Brille, und der Kaffee duftet." Aber das Florianihof – heute nicht mehr ganz das urige Wiener Kaffeehaus, trotz schicker Renovierung aber noch immer gemütlich – ist nicht das einzige Lokal der Gegend, das Gebirtig nach jahrzehntelanger Abwesenheit aufsucht: So trifft er im Café Eiles (Josefstädterstraße 2) auf Journalisten, geht

„Gebürtig" in der Josefstadt

… oder die Cafés des Robert Schindel

Café Florianihof
VIII., Florianigasse 45
Tel. 402 48 42
www.florianihof.at
U6 Josefstädterstraße, dann Straßenbahn 33
Florianigasse

anschließend gleich daneben zum Blauensteiner (dem Gasthaus zur Stadt Paris in der Lenaugasse 1), dann „spazierte er über die Straße und stieg in den J-Wagen. Beim Café Hummel (Josefstädter-straße 66) verließ er die Tramway."

Überhaupt lässt sich Robert Schindels 1992 erschie-nener Roman auch als kleine Geschichte der Wie-ner Café- und Beisl-Kultur lesen: Auch die übrigen Protagonisten der ver-schachtelten Handlung

Robert Schindel arbeitete seinen Roman auch zu einem Drehbuch um. 2001 verfilmte er es gemeinsam mit Lukas Stepanik, die Rolle des Herr-mann Gebirtig übernahm Peter Simonischek.

treffen sich ständig in Lokalen, gehen zum Heurigen oder zu Zeitung und kleinem Schwarzen – ob in den Bräunerhof, ins Café Museum, Prückel, Diglas oder Zartl. Natürlich, schließlich ist unter den Figuren nicht nur Gebirtig Literat. Herrmann Gebirtig muss allerdings feststellen, dass nicht nur die Kaffeehäuser von einst noch da sind, auch der Antisemitismus ist es. Und wo dieser zurückgegangen ist, wird er durch die perfektionierte Verdrängungskultur ergänzt: Der „Schädelknacker von Ebensee" wird trotz seiner Aussage freigesprochen. Gebirtig verlässt Wien ein zweites Mal.◂

Viel ist geschrieben worden über Wien und seine besonderen Platzerln, die berühmten und weniger bekannten, doch wie kein zweiter ist sie Synonym für den Wiener Literaturschauplatz schlechthin: Die Strudelhofstiege. 1910 nach Plänen Johann Theodor Jägers erbaut, ist sie Teil der gleichnamigen Gasse, die die höher gelegene Währinger Straße mit der Liechtensteinstraße verbindet. Die im Jugendstil gehaltenen weißen Kalksteinstufen und Balustraden umschließen einen in der Mitte befindlichen zweiteiligen Brunnen und laufen über in einen im Zickzack angelegten ansteigenden Weg. Versteckt, wie sie liegt, und von Bäumen umstanden, hat die Stiege etwas geheimnisvolles. Die hohen, eigens entworfenen Laternen zaubern mit ihren zwei Leuchtkugeln nachts ein bisschen Pariser Flair ins Lichtental...

Die Bühne des Lebens

Heimito von Doderers „Strudelhofstiege"

IX., Strudelhofgasse bzw. -stiege
U2 Schottentor, dann Straßenbahn 40, 41, 42
Sensengasse

Wiewohl nach dem Künstler Peter Strudel benannt, der hier im 17. Jahrhundert den Strudelhof errichten ließ, verhalf sie einem anderen zu – späten – Ehren: Heimito von Doderer war bereits 55 Jahre alt, als „Die Strudelhofstiege" 1951 erschien. Der Roman begründete seinen Weltruhm. Doderer, der immer wieder in der Gegend gewohnt hatte, verarbeitete darin sein detailliertes Wissen und seine Erfahrungen im Grätzel. So spielt ein Teil der Handlung, neben zahlreichen anderen realen Orten, im Café Brioni. Das Lokal gegenüber dem Franz-Josefs-Bahnhof zählte zu Doderers Stammcafés, heute befindet sich wieder ein Kaffeehaus hier, das sich „Nuovo Brioni" nennt.

Aber die minuziöse Verortung des Geschehens – man nannte

Doderer wegen der Dichte und Wirklichkeitstreue der topografischen Beschreibungen einen „Viennologen" – ist natürlich nicht der hauptsächliche Grund für den Erfolg und die Bedeutung des Romans. Doderer gestaltete in der „Strudelhofstiege" ein Panorama des österreichischen Wesens und Lebens des Bürgertums und (ehemaligen) Kleinadels zu Beginn des 20. Jahrhunderts. Die Stiege, so erkennt René Stangeler, eine der Hauptpersonen, schon als Schüler zu Beginn

Doderers Arbeitszimmer aus seiner letzten Wohnung ist im Bezirksmuseum Alsergrund zu besichtigen Währingerstr. 43
Tel. 0676-722 19 33
www.bezirksmuseum.at/alsergrund"

des Romans, ist „eine der Bühnen des Lebens". Auf gut 900 Seiten erzählt Doderer dieses Leben, das von Renés Schwestern, vieler Nebenfiguren und von Melzer, dem auch der wenig geläufige Untertitel gewidmet ist: „Melzer und die Tiefe der Jahre". Das Gedicht, dass Doderer dem Roman vorangestellt hat und heute auf einer Mamortafel die echte Strudelhofstiege ziert, ist Programm: „[…] die bemooste Vase in der Mitte / überdauert Jahre zwischen Kriegen. // Viel ist hingesunken uns zur Trauer / und das Schöne zeigt die kleinste Dauer." ‹

Auf dem Zentralfriedhof liegen mehr Menschen begraben als in Wien leben: Drei Millionen sind es. Ob das den Schluss zulässt, hier hätten auch eineinhalb mal so viele Schriftsteller wie in Wien gerade schreiben, ihre letzte Ruhe gefunden? Vielleicht, denn es sind viele. Einige liegen in Ehrengräbern, von denen es rund 1000 gibt, und ganz nah an der Karl-Borromäus-Kirche, dem Zentrum des Zentralfriedhofs und damit quasi dem Stephansdom des Toten-Wiens. Johann Nepomuk Nestroy, zum Beispiel: Ein einfacher grauer Stein, in Gold ein Lorbeerkranz, sein Name und der seiner Lebensgefährtin Marie Weiler (Gr. 32A, Nr. 6) . Oder Franz Werfel, der hinter der Kirche liegt, in unmittelbarer Nähe von Bruno Kreisky und Arnold Schönberg (32C, 39). Nach seinem

Stadt der toten Dichter

Grab- und Leerstellen
von Nestroy bis Torberg

XI., Zentralfriedhof
U3 Simmering,
Straßenbahn 71 Zentralfriedhof, Tor 2

Tod wurde Werfel 1945 zuerst in Beverly Hills beigesetzt. Für die Überführung 1975 in ein Ehrengrab zeichnen vor allem Armenier verantwortlich. Sie verehren Werfel wegen seines Romans „Die vierzig Tage des Musa Dagh", der sich mit dem bis heute geleugneten Genozid an Armeniern in der Türkei während des Ersten Weltkriegs beschäftigt.
Neben den Totenstätten in den Ehrengräbergruppen, gibt es auch ehrenhalber gewidmete Gräber: U. a. die von Peter Altenberg (0, 84) und Egon Friedell (9, 29). Auch das Grab von Karl Kraus (5A, 33) ist mit einer kleinen Plakette als solches ausgewiesen. Sein Name ist in den grauen, breiten Stein tief eingemeiselt. Sonst bleibt er leer. Als wollte Kraus noch im Tode wirken und ironisch kommentieren, was er 1930, sechs Jahre vor seinem Tod, schon als ironischen

Grabspruch eines Dichters verfasst hatte: „wie leer ist es hier / an meiner stelle. / vertan alles streben. / nichts bleibt von mir / als die quelle, / die sie nicht angegeben."

Nebeneinander, in der Israelitischen Abteilung des Zentralfriedhofs, befinden sich die Gräber von Friedrich Torberg und Arthur Schnitzler. Auf den Gräbern liegen Steine. So verlangt es die jüdische Tradition: Jeder, der das Grab besucht, legt einen mitgebrachten Stein darauf.◄

In ihrem Roman „Wiener Passion" (siehe auch Seite 32) parodiert Lilian Faschinger die (undurchsichtige) Praxis der Ehrengräbervergabe: Der Protagonist Josef Horvath bemüht sich erfolglos um ein Ehrengrab für seine Mutter.

Der Hang zu Morbidität und ein ruinös-pompöser Zugang zum Tod ist als Wien-Klischee vielleicht nicht ganz so verbreitet wie die Vorstellung, jeder Wiener sei ein verkannter Virtuose, wenn nicht gar ein neuer Mozart, und unehelicher Habsburger – oder zumindest Hoflieferanten-Spross. Die Todes-Affinität der Wiener gehört dennoch zu den gängigsten Stereotypen und entbehrt sicher nicht eines wahren Kerns – in diesem Fall vielleicht besser: Skeletts.

In der Literatur ist das Thema des Todes in der einen oder anderen Weise immer präsent, besonders natürlich in Horrorgeschichten oder phantastischer Literatur: Bekanntlich spielen diese Genres mit der Angst des Protagonisten wie Lesers. Der Tod tritt dabei nicht selten als Figur auf – ob mit der althergebrachten Sense, als verführerische oder hässliche Frau oder als smarter gutaussehender Mann. Dem letzten Inkorporationstypus entspricht Leland Zivic aus Jonathan Carrolls Roman „Wenn Engel Zähne zeigen".

Carroll, 1949 in New York geboren, lebt seit 1976 in Wien. Seine Wahlheimat scheint er gerade wegen der Zuschreibung von Klischees, als Handlungsort zu schätzen: Mehrere seiner Romane spielen hier. Die Hauptfiguren sind jedoch immer Amerikaner. Der Blick auf die Stadt muss deshalb wohl teilweise stereotyp ausfallen. Die Protagonisten kommen nach Wien. Als Manifest der Verklärung, ist es der Raum, wo in die anfangs realistische Erzählung, phantastische Elemente einbrechen. In „From the teeth of

Anrufung der anonymen Angespülten
Der Tod und die Amerikaner in Wien

XI., Friedhof der Namenlosen
U3 Enkplatz,
dann Autobus 76A Alberner Hafen

angels", so der Originaltitel, taucht nicht nur der Tod persönlich in Wien auf: Kaum in Wien angekommen, hat der unheilbar kranke US-Fernsehmoderator Wyatt Leonard einen Traum: Er soll zum Friedhof der Namenlosen fahren. Warum? Er weiß es selbst nicht. Carroll beschreibt die Autofahrt hin, den Donaukanal, den Alberner Hafen. „Oben befand sich eine seltsames Gebäude, das wie ein steiner Bienenstock aussah. Es war die Friedhofskapelle. [...] Ein paar Stufen führten zu einer hüfthohen Zementmauer hinunter, [j]enseits der Mauer befanden sich schätzungsweise hundert Gräber. Auf fast allen standen zu Häupten der Erdhügel identische schwarze Eisenkreuze. Am unteren Ende der Kreuze befand

,Der ehemalige Autor', die Hauptfigur aus Peter Handkes 2008 erschienener Erzählung „Die morawische Nacht", kommt auf seiner langen Reise durch halb Europa auch am Friedhof der Namenlosen vorbei. Er kehrt in dem kleinen Gasthaus ein.

sich ein Quadrat, das wie eine kleine Schreibtafel aussah, aber nur selten standen in weißer Schrift Namen und Daten darauf." Hier wurden ab 1845 Selbstmörder und unidentifizierbare Ertrunkene begraben, die aufgrund von Wasserstrudeln an dieser Stelle der Donau ans Ufer gespült wurden. Bis 1940 wurde die Begräbnisstätte genutzt. Seit der Donauregulierung sind die Wirbel verschwunden und mit ihnen die Wasserleichen. Der Friedhof der Namenlosen wäre also auch schon ohne Wyatts Entdeckung seines makaberen Talents kurios-gespenstisch genug: „Ich ging auf eins der anonymen Gräber zu, legte die Hand auf das Kreuz [...] ‚Hier liegt ein Mann. Er hieß Thomas Widhalm. [...] Einen Meter weiter berührte ich das nächste anonyme Kreuz. ‚Margarete Ruzicka.'" Es soll aber nicht bei der Identifizierung der anonymen Angespülten bleiben...‹

Eine Villa nahe Schloss Schönbrunn mit Blick „über das Gartenmeer des westlichen Wien" ist die adäquate Behausung für die Milionenerbin Amelie. Auch ihr ursprünglich aus einfachen Verhältnissen stammender Mann Leonidas hat sich längst an die Annehmlichkeiten des Lebens im noblen 13. Bezirk gewöhnt. Später wird er von sich sagen, er sei „ein eingefleischter Hietzinger".

Doch gerade wurde er erinnert, dass sein Leben auch anders verlaufen hätte können. Ein Brief mit der titelgebenden „blaßblauen Frauenschrift" könnte vielleicht auch jetzt noch das Ende des Luxus' für den Protagonisten in Franz Werfels Novelle bedeuten.

Leonidas Glückszahl

Werfels „Blaßblaue Frauenschrift"

Parkhotel Schönbrunn
XIII., Hietzinger Hauptstraße 10–20
Tel. 87 804
www.austria-trend.at/paw
U4 Hietzing

Eine Affäre, ein gebrochenes Versprechen, ein Kind... Vera, seine ehemalige Geliebte, bittet Leonidas um Hilfe für einen jungen Juden, der im Deutschland des Jahres 1936 nicht mehr das Gymnasium besuchen darf. Vor 18 Jahren hat er sie im Stich gelassen, jetzt könnte es Leonidas, gerade zum Sektionschef im Unterrichtsministerium befördert, wiedergutmachen, seinem Sohn beistehen, zu ihm stehen.

Vera hat sich ganz in der Nähe seiner Villa im Parkhotel einquartiert. Das Parkhotel Schönbrunn gibt es heute noch. 1907 eigentlich als Gästehaus des Kaisers errichtet, weist es die typische Architektur eines Hotels dieser Epoche auf: Breit und relativ hoch, mit vielen Balkonen. Ein von Mamorsäulen flankiertes Portal führt in die große Lobby. Viele der Zimmer und Suiten sind noch in originalem Stil eingerichtet, der klassische Ballsaal versprüht noch das Flair von einst… Leonidas kann das Flair aber nicht genießen: „Es ist scheußlich, die Geliebte seines Lebens in der öffentlichen Intimität dieses Allerwelts-Wohnzimmers wiederzusehen." Der „Tanztee" wird ihm immer unangenehmer, während er auf Vera wartet. Als sie endlich kommt, enthüllt sie ihm, dass Emanuel doch nicht sein Sohn ist. Wird Leonidas diesmal – in dieser antisemitischen Zeit – sein Versprechen halten. Und risikieren sein bequemes Leben im 13. zu verlieren?

Franz Werfel legt seinem Protagonisten sarkastische Worte in den Mund: „Für mich wär's schon ein schwerer Entschluß, in einen anderen Bezirk zu übersiedeln."

Wer sich nicht gleich ins luxuriöse Hotel einmieten will, kann den imperialen Charme dennoch genießen: Im Restaurant Jägerstüberl und vor allem im Schlosspark Café, das mit hausgemachten Mehlspeisen aufwartet. Im Sommer können Kaffe und Kuchen von der Terrasse aus mit Blick auf den wunderschönen Hotelpark genossen werden.

Es ist auch sehr traurig, denn Werfel schrieb seine Novelle 1941 in Beverly Hills. Wien hatte er als Jude mit seiner Frau Alma Mahler (siehe Seite 100) 1938 verlassen müssen.◄

Der 21-jährige Literaturstudent John Irving kam 1963 für zwei Semester nach Wien. Und wie es sich für einen angehenden Schriftsteller in Wien gehört, verbrachte der Amerikaner – ganz klassisch, um der Kälte in seiner Wohnung zu entgehen, – die meiste Zeit im Kaffeehaus – oder im Tiergarten Schönbrunn. Das wäre nun nichts für den typisch wienerischen Caféliteraten. Irving aber war fasziniert und ließ sich vom ehemaligen kaiserlichen Bestiarium zu seinem ersten Roman „Lasst die Bären los" inspirieren.

Im Tier-Palast

John Irvings „Lasst die Bären los"

Tiergarten Schönbrunn
XIII., Maxingstraße 13b
Tel. 877 92 94-500
www.zoovienna.at
U4 Hietzing

Darin macht er den Schönbrunner Zoo zum Schauplatz einer aberwitzigen Handlung: Kaum hat Hannes Graff Siggi kennengelernt, überredet der ihn schon zu einem spontanen Motorradkauf und anschließender Tour. Mit dem Abstecher in den Zoo – „das Walroß rülpste in seinem Becken", „während hinter uns die Löwen nach Freiheit und Fressen brüllten" – beginnt eine verwickelte Geschichte, die ihren ersten tragikomischen Höhepunkt in Siggis Tod durch Bienenstiche findet. Quasi als Vorhut der 68er-Bewegung – man schreibt 1967 – hatte es sich dieser Siggi, Student, Tierschützer und halbweiser Poet, in den Kopf gesetzt, die Tiere zu befreien. Nach seinem Tod will Graff, diese von ihm selbst als wahnsinnig bezeichnete Idee verwirklichen...

Genaue Beschreibungen und Ortsangaben im Roman zeigen, wie vertraut Irving mit der Hietzinger Topografie ist. Außerdem offenbart er sich als profunder Kenner der österreichischen Geschichte: in Ausschnitten aus Siggis „Notizbuch" werden dessen Biografie und die Geschehnisse unmittelbar vor und nach dem Zweiten Weltkrieg erzählt und reflektiert – 1968, als „Lasst die Bären los" im amerikanischen Orignial erschien, sicher noch keine Selbstverständlichkeit.

Umso verwunderlicher, dass Irving scheinbar wenig über die Geschichte des Zoos informiert war: „Den Tiergarten gab es noch nicht lange, doch die Gebäude waren so alt wie Schönbrunn […] ungedeckt, dreiseitig, Gitter oder Drahtnetze ersetzen die fehlende vierte Mauer. Die Tiere hatten die Ruinen geerbt." Dabei ist doch der Wiener Tiergarten, gegründet 1752, einer der ältesten der Welt. Menschen lebten nie in den Gebäuden. Wiewohl heute einige Käfige umfunktioniert sind, wie beim ehemaligen Raubtierhaus mit seinem neuen großen Freigehege: Um die Tiere betrachten zu können, müssen die Besucher quasi hinter Gitter – und bekommen eben die Unmenschlichkeit der Käfige zu spüren. Vielleicht hat sich der ehemalige Zoodirektor Pechlaner von Irving inspirieren (oder warnen) lassen?‹

> *„Kennst du das Café, wo ich bin? Am Platz abseits der Maxingstraße, gegenüber dem Haupteingang vom Zoo.",* steht in Siggis Notizbuch. Ja! *Das ehemalige Café Gröpl, Am Platz 6. Es wurde zu einer Bawagfiliale umfunktioniert, heute wird aber ein Teil wieder als Kaffeehaus geführt: Ideal also um einen Zoobesuch mit einer Irving-Nachlese ausklingen zu lassen.*

E s geht uns gut" ist die Geschichte einer österreichischen Familie im 20. Jahrhundert. Arno Geiger, 1968 in Vorarlberg geboren, erzählt sie nicht in einem langen chronologischen Bogen, sondern konzentriert sich nur auf einige Szenen aus dem Leben der Familie Sterk-Erlacher. Die Kapitel fokusieren immer wieder andere Familienmitglieder, die Rahmenhandlung dazu stellt die Geschichte des jüngsten dar: Philipp, Enkel, auch schon 36, Erbe der Hietzinger Familien-Villa.

Hier ist seine Mutter aufgewachsen, hat der Großvater die

Villa des Verdrängens

oder Geschichten vom Gut-Gehen

XIII., Hietzinger Villenviertel
U4 Hietzing,
dann Autobus 56B, 58B Tiroler Gasse

Großmutter betrogen, hat die Großmutter Bienen gezüchtet im großen Garten. Nach dem Tod der Mutter haben seine Schwester und er hier kurz gewohnt. Der Großvater war partiarchalisch, die Mutter rebellisch.

Jetzt nach dem Tod der Großmutter muss etwas geschehen mit dem Haus. Tapeten blättern, Verputz bröckelt, Tauben brüten längst auf dem Dachboden. Und nicht nur das mus abgetragen werden: 75 Jahre Geschichte haben sich hier angesammelt. Aprops Geschichte: Die großen Ereignisse der Realhistorie stehen niemals im Zentrum der den einzelnen Figuren gewidmeten Kapitel. Die Protagonisten beschäftigen sich lieber mit anderem, ihre Geschichten verlaufen ein wenig abseits.

So wie die Villa ein wenig abseits liegt: Umgeben von ihresgleichen, weit vom Zentrum der Stadt. Ein Großereignis wird schon erwähnt, hat es doch die Familie sogar mehr berührt als der „Anschluss": Die Unterzeichnung des Staatsvertrags. Ironisches Detail – und emblematisch für den ganzen Roman: Als Minister hätte der Großvater dabei sein sollen, doch ein eitriger Zahn hat ihm die Verewigung vereitelt.

Wo genau sich die Villa befindet, ist nicht leicht anzugeben: „Johanna kommt vom Fernsehzentrum, das schiffartig am nahen Küniglberg liegt, oberhalb des Hietzinger Friedhofs und der streng durchdachten Gartenanlage von Schloß Schönbrunn. Sie lehnt das Waffenrad, das Philipp ihr vor Jahren überlassen hat, gegen den am Morgen gelieferten Abfallcontainer […] Philipp sitzt auf der Vortreppe der Villa, die er von seiner im Winter verstorbenen Großmutter geerbt hat." Geiger bleibt vage, irgendwo zwischen zwischen Lainzer-Hietzinger Haupt- und Spohrstraße dürfte sie liegen.

Die genaue Lage ist vielleicht gar nicht wichtig. Eine großbürgerliche Villa im Suburbanen, in den Nachbarhäusern ist es vermutlich nicht viel anders: hier geht es um die Aufrechterhaltung der Etikette, fast ausschließlich. „…er hat ein Leben lang Form und Förmlichkeit verwechselt", denkt die Großmutter von ihrem demenzkranken Mann – die Etikette, sie hilft beim Verdrängen. Symptomatisch für den österreichischen Umgang mit der Geschichte, symptomatisch für die Geschichte der Familie. Die Villa ist das Grab dieser Geschichte, oder besser: die Kultstätte ihrer Verdrängung. Schon der erste Satz lautet: „Er hat nie darüber nachgedacht, was es heißt, daß die Toten uns überdauern." Auch Philipp will sich der Familiengeschichte nicht stellen: Nicht nur zu Beginn bleibt er auf der Vortreppe sitzen, anstatt in die Villa zu gehen.‹

Auch das Hietzinger Traditions-kaffeehaus Dommayer ist Schauplatz in „Es geht uns gut": Richard Sterk erfährt hier vom Ende seiner politischen Laufbahn. Café Dommayer XIII., Dommayergasse 1 Tel. 877 54 65

Der SK Rapid ist wohl der österreichische Fußballklub mit den meisten Anhängern. Zu Tausenden pilgern sie bei Heimspielen ins Gerhard-Hanappi-Stadion nach Hütteldorf. Dort feuern sie ihre Mannschaft an, singen, schreien, grölen, pfeifen nicht genehme Pfiffe des Schiedsrichters und Pässe des Gegners aus. Die Fans des Kontrahenten sind wahrscheinlich weniger, ihr Anfeuern und Beflegeln fällt vielleicht weniger lautstark aber genauso einig und leidenschaftlich aus.

Wie es halt zugeht bei einem Fußballmatch. Aber was hat das mit Literatur zu tun? Ab 1927 wohnte Elias Canetti (siehe auch Seite 48) auf der anderen, der Hietzinger Seite des Wientals. Er war kein Fußballfan, vielmehr hatte ihn sein Wunsch, in baumreicher Umgebung zu wohnen, bewogen in die Nähe des Lainzer Tiergartens zu ziehen.

Masse und Match

Elias Canetti und der Rapid-Platz

Gerhard-Hanappi-Stadion
XIV., Keißlergasse 6
U4 Hütteldorf

Trotzdem sollte der Rapid-Platz – damals noch die gleich neben dem heutigen Stadion gelegene „Pfarrwiese", die nur „... eine schwache Viertelstunde Weges" von seinem Zimmer entfernt lag – für das Hauptwerk des späteren Nobelpreisträgers entscheidend sein: „Masse und Macht". Das Phänomen der Masse(-nbildung) ließ in nicht mehr los, seit er im Juli 1927 bei den Demonstrationen und Ausschreitungen dabei gewesen war, die im Justizpalastbrand endeten. Kurz dannach, bei sich zu Hause, „hörte ich den Aufschrei der Massen." Nach einigem Überlegen, fällt ihm auf: Es ist Sonntag, ein Spiel muss im Gange sein. „Nun rührte ich mich nicht von der Stelle und hörte dem ganzen Match zu [...] Sehen konnte ich von meinem Fenster aus nichts,

Bäume und Häuser lagen dazwischen, die Entfernung war zu groß, aber ich hörte die Masse, und sie allein, als spiele sich alles in nächster Nähe von mir ab." So, unsichtbar, nur durch Laute, die abgelöst sind von konkreten Worten, nur Emotion transportieren, erschließt sich Canetti die Dynamik der Massen. „Es ist sicher, daß diese Lokalität das Interesse an meinem eigentlichen Vorhaben wachhielt", schreibt Canetti in „Die Fackel im Ohr", „während der sechs Jahre, die ich dieses Zimmer bewohnte, versäumte ich keine Gelegenheit, diese Laute zu hören" Obwohl er weiter seiner Arbeit in einem Chemielabor nachging und

Am Haus XIII., Hagenberggasse 47 erinnert eine Gedenktafel an den ehemaligen Bewohner.

in dieser Zeit auch „Die Blendung" entstand. „Aber was immer es war, was ich schrieb, kein Laut vom Rapid-Platz entging mir [...] jeder einzelne Laut der Masse wirkte auf mich ein."◂

Seit 1998 fährt die U3 nach Ottakring und verbindet die westliche Peripherie Wiens mit der östlichen. 25 Minuten braucht sie in der Stoßzeit, in nicht einmal einer Viertelstunde bringen die Silberpfeile und ihre waggonlosen Nachfolger die Vorstädter in die Innere Stadt. Wie lang die Reise vom 16. in den 1. Bezirk wohl vor 50 Jahren gedauert hat? Drei Stunden wahrscheinlich – konstatiert doch H. C. Artmann 1958: „i won zimlech weit draust / geng schdaahof zua – / anahoeb schdund fost / fon schdeffansbloz wek…"

Der Dichter aus Bradnsee

H. C. Artmanns
„med ana schwoazzn dintn"

XIV., H.-C.-Artmann-Park
U3 Hütteldorferstraße

Dort „ziemlich weit draußen", an der Hütteldorferstraße, liegt Breitensee: Uraltes Dorf, Vorstadt, als Teil des 13. Bezirks Wien eingemeindet, später dem 14., Penzing, angegliedert. Dort „gegen Steinhof zu" wurde 1921 Hans Carl Artmann geboren. Er schloß die Hauptschule ab, arbeitete in einem Büro, wurde zur Wehrmacht eingezogen. In der Kriegsgefangenschaft begann er zu schreiben, 1947 zu veröffentlichen. Als Mitbegründer der Wiener Gruppe (siehe Seite 24) versuchte sich Artmann ab 1952 an neuen Formen der Literatur, an sprachlicher Erneuerung. Dazu zählte auch die Verwendung der Alltagssprache, des Dialekts – bei einem Breitenseer zwangsläufig breitestes Wienerisch. Was lag da näher als dem Ort des Gesprochenen ein Denkmal zu setzen? Die Gedichte über „baumgoatn", das „libhazzdoe" oder die „rosnschdaagossn" waren eine Sensation. Noch nie hatte ein Autor so konsequent im Dialekt geschrieben, Banales neben Brutales gestellt und dabei dennoch soviel poetische Kraft bewiesen: „i bin a ringlgschbüübsizza / (und schlof en da nocht nua bein liacht / wäu i mi wauns finzta is / fua de dodn weiwa fiacht.)" Diese „gedichta r aus bradnsee", wie der Untertitel lautet, brachten Artmann auch den kommerziellen Durchbruch. Noch im Erscheinungsjahr 1958 musste der Lyrikband „med ana schwoazzn dintn" neu aufgelegt werden. Und das, obwohl Artmann schon im programmatischen vorangestellten Gedicht, Erwartungen eines lieblich-lyrischen Wien-Lobes enttäuscht – und sich selbst gleich ironisiert: „nua ka schmoez how e xogt! / nua ka schmoez ned.. // reis s ausse dei heazz dei bluadex / und haus s owe iwa r a bruknglanda! / fomiaruas auf d fabindunxbaun / en otagring […] // waun s d amoe so weid bist / daun eascht schreib dei gedicht"

Zwar schrieb H. C. Artmann nicht ausschließlich in Mundart und erkundete auch andere literarische Wege, der im Jahr 2000 verstorbene Dichter wird aber auch weiterhin mit diesem ersten Erfolg asoziiert. Breitensee hat es dem beredten Sohn gedankt und einen Park nach ihm benannt.◀

Fast so urig wie der lokale Dialekt und im wahrsten Sinn des Wortes sehenswürdig sind die Breitenseer Lichtspiele, das älteste noch bespielte Kino Wiens, in der Breitenseerstr. 21. Programm und Informationen unter der Telefonnummer: 982 21 73 und www.bsl.at.tf

Im Jahr 1906 sorgte ein Buch mit dem wenig zweideutigen Titel „Roman einer Wiener Dirne, von ihr selbst erzählt" für Aufsehen. Vor allem, weil der Verfasser wahrscheinlich nicht Josefine Mutzenbacher hieß, wie es der Titel bekundete, sondern viel eher – bis heute weiß man es allerdings nicht genau – Felix Salten. Salten äußerte sich jedoch niemals zu dieser Vermutung, hatte er doch die strenge k.u.k.-Zensur zu fürchten. Das nährte die Gerüchteküche und brachte ihn um Tantiemen in erheblicher Höhe. Denn die „Mutzenbacher", wie der Roman bald genannt wurde, war äußerst erfolgreich. Oswald Wiener, der 60 Jahre nach der Erstveröffentlichung eine Neuausgabe des Buches besorgte, nannte es „vielleicht den einzigen sogenannten pornographischen roman eines deutschsprachigen autors, den man zur weltliteratur rechnen muß." Für die erotischen Partien, die ja den Großteil ausmachen, trifft dies wohl in Hinblick auf Sprache und Stilistik zu, und auch die Struktur des Romans ist schlüssig und lässt auf einen schriftstellerischen Könner schließen. Worin er sich aber sicher am meisten von herkömmlicher Schundliteratur unterscheidet, ist die Schilderung des Milieus in dem die „Peperl" Mutzenbacher aufwächst – eine geschickt in die erotische Handlung verwobene Sozialkritik. (siehe auch Seite 38). In der zweiten Hälfte des 19. Jahrhunderts erlebte Wien ein enormes Bevölkerungswachstum. Die meist sehr armen Neu-Wiener – Tausende

Hinter Haus- und Hosentüren

Eine erotisch-kritische Studie
des 16. Bezirks

XVI., Ottakring
U3 Ottakring

zogen aus allen Teilen der Donaumonarchie in die Hauptstadt – lebten unter oft katastrophalen Bedingungen in den Vorstädten: „Wir wohnten ganz weit draußen in Ottakring, in einem damals neuen Hause, einer Zinskaserne, die von oben bis unten mit armen Leuten angefüllt war." Wer heute in Ottakring aus der U-Bahn steigt und ein wenig herumspaziert, kann sich in der noch immer etwas heruntergekommenen Gegend vielleicht die prekären Verhältnisse vorstellen, die dort in der sogenannten Gründerzeit herrschten. Denn die Wohnsituation der Mutzenbachers war keine Seltenheit: „Mein Vater, meine Mutter, wir drei Kinder wohnten in einer

„Es war beschlossen worden, und so begann ich meine Laufbahn. Wir gingen in die Innere Stadt, auf den Graben, Stephansplatz, Kärntnerstraße usw." heißt es über Peperls erste Erfahrungen als Prostituierte – kaum zu glauben, dass sich, wo heute Touristentrampelpfade und Einkaufstraßen verlaufen, noch nach dem Zweiten Weltkrieg ein Straßenstrich befand.

Küche und einem Zimmer und hatten noch einen Bettgeher mit dazu." Und so ist es auch ein Bettgeher, mit dem Josefine ihre ersten sexuellen Erfahrungen macht.‹

Christine Nöstlinger ist sicher die bedeutendste öster-reichische Kinder- und Jugendbuchautorin der Gegenwart. Dass ihre Bücher auch international bei Kindern wie Experten hohes Ansehen genießen, belegt nicht zuletzt die Verleihung des Astrid-Lindgren-Gedächtnis-Preises, der ihr 2003 im ersten Jahr seines Bestehens zuteil wurde.

Ihr autobiografischer Roman „Maikäfer flieg!" ist ebenfalls ein Jugendbuch, erzählt die 1936 in Wien geborene Autorin, doch wie sie als neunjährige das Ende des Zweiten Weltkriegs erlebte: Nicht im zerbombten Arbeiterviertel von Hernals, wo sie bisher in einem „grauen zweistöckigen Haus" gewohnt hat, sondern im noblen Teil des Bezirks. Denn Frau von Braun hat Christines Mutter das Angebot gemacht, ihre Villa zu hüten, während sie, die wohlhabende Nationalsozialistin, nach Tirol zieht. „Am Nachmittag machten wir uns auf den Weg. Meine Mutter, meine Schwester und ich. Wir gingen nach Neuwaldegg". Dort fallen keine Bomben, „… weil das Bombenverschwendung wäre. Da könnten sie mit einer Bombe höchstens vier Leute umbringen!", wie die Mutter erklärt.

Gerade die Perspektive des Kindes macht „Maikäfer flieg!" aber nicht nur für junge Leser interessant. Nöstlinger erzählt von Ambivalenzen und wie in einem Kammerspiel kulmineren die Ereignisse dieses Frühlings '45 in der Neuwaldegger Straße 58 (heute steht anstelle der Villa ein Wohnblock): Die Hoffnung auf das Ende des Krieges, die Angst vor den Russen; der Schrecken des Bombenalarms

Kriegs-kammerspiel

Neuwaldegg 1945

XVII., Neuwaldegger Straße 58
U6 Alserstraße, dann Straßenbahn 43
Neuwaldegg

96

und Christines Freude, dann nicht in die Schule zu müssen. Die „große, hellgelb verputzte Villa" mit dem Garten, durch den der Alsbach fließt: Für Christine, die sich an die Zeit vor dem Krieg nicht erinnern kann, ein kleines Paradies.

Die Angst vor Bomben zieht auch die Schwiegertochter der Besitzerin mit ihren Kindern in die Vorstadt. Eines Tages finden die Kinder in einer der „arisierten" anderen Villen riesige Mengen an Leberpasteten, Marillenkompott und eingemachtem Rindsschnitzel – so hatten die „Besitzer", die längst geflohen sind, gelebt, während sie sechsmal pro Woche Erdäpfel essen mussten. SS-Männer kommen vorbei, und in der Bibliothek liegt der angeschossene, dessertierte Vater. Und dann kommen die Russen und nehmen auch hier Quartier. Und sind gar nicht so schrecklich, wie die Nazi-Propaganda behauptet hatte.◄

In einem weiteren autobiografischen Roman, „Zwei Wochen im Mai", erzählt Christine Nöstlinger vom Nachkriegsalltag. Die Not ist noch immer groß, sie wohnt jetzt wieder im ärmeren Teil des 17. Bezirks. „Den Krieg hatte ich gut gekannt", heißt es, doch „Den Frieden mußte ich erst lernen, und ich war keine gute Schülerin im Frieden-Lernen."

97

Kaffee und Kipferl hat die Wiener Kultur Kara Mustafa zu verdanken. In Frederic Mortons Roman „Ewigkeitsgasse"gibt es ein weiteres Überbleibsel der Türkenbelagerung: Ein Stein, der angeblich aus der Jerusalemer Klagemauer stammt und sechs Häuser, die der Großwesir für sich und seine Pferde errichten ließ. „Jahrzehntelang warfen die Gebäude ihre Minarettschatten über freies Gelände. Leerstehend […], westlich der Mauern Wiens und am Ostrand der Vorstadt Neustift." Bis der junge jüdische Schmied Berek Spiegelglas an den mittlerweile „Türkenplatzl" genannten Ort kommt. Die Minarette erinnern ihn an die „Mesusoth", die in seinem slowakischen Dorf die Türen zieren. Berek beschließt zu bleiben, bald gehört ihm die ganze Straße und eine Fabrik darin.

Am Türkenplatzl

Frederic Mortons „Ewigkeitsgasse"

XVII., Thelemanngasse
U6 Josefstädterstraße

Hier heiratet er, seine Kinder werden hier geboren, wachsen hier auf, er lässt sogar eine eigene Synagoge einrichten. Die Geschehnisse des 1984 unter dem Originaltitel „The Forever Street" erschienen Romans sind fiktiv, wenn auch Ähnlichkeiten zur Autobiografie des Autors nicht zu übersehen sind. Genauso verhält es sich mit dem Ort der Handlung: Das Türkenplatzl, mit seiner sagenhaften Vorgeschichte, der heilige Stein, die ans fantastische grenzende kleine Welt der Familie Spiegelglas und ihrer Verwandten und Angestellten, hat es so natürlich nie gegeben. Allerdings war auch Mortons Großvater als junger Mann nach Wien gekommen und hatte sich in der Vorstadt niedergelassen. Auch ihm gehörten bald mehrere Häuser in der Thelemanngasse im jetzigen 17. Bezirk. Berek Spiegelglas' Heimatgefühl hängt zum Teil mit dem heiligen Stein zusammen – ist er wirklich vom zerstörten Tempel in Jerusalem, ist das Türkenplatzl, wo er im Keller aufbewahrt wird, nicht Diaspora, wie ein Rabbi nicht ohne den Hinweis auf Häresie bemerkt.

Mortons Großvater fühlte sich auch so als echter Hernalser und wollte nicht weg aus der Arbeitergegend, auch als er es sich, als Fabriksbesitzer, schon hätte leisten können. Also wuchs hier auch sein 1924 geborener Enkel auf, der damals noch Fritz Mandelbaum hieß. 1938 wurde die Familie enteignet und vertrieben.◄

Der Name Thelemanngasse geht zwar auf den Erbauer des Gürtels zurück, das literarische Toponym „Am Türkenplatzl" würde aber auch in Wirklichkeit passen: Die Thelemanngasse liegt in dem heute größtenteils von Türken bewohnten Grätzel um den Brunnenmarkt. Und so befindet sich in Haus Nr. 8, das ebenfalls der Familie Mandelbaum gehörte, heute ein islamischer Gebetsraum. Eine Gedenktafel erinnert daran, dass vor 1938 hier ein jüdischer war. Eine Erinnerung, wozu Fremdenhass und Rassimus führen.

Über zehn Jahre dauerte ihre Beziehung schon, als Alma Mahler auf einen seiner wiederholten Heiratsanträge einging und 1929 Franz Werfel ehelichte. Kennengelernt hatten sich die Witwe Gustav Mahlers und Frau von Walter Gropius und der junge Dichter 1917. Der aus Prag stammende deutsch-jüdische Werfel wurde vor allem für seine expressionistischen Gedichte geschätzt. In den Zwanziger Jahren wandte er sich von der Lyrik ab und – angeblich auf Veranlassung Almas – kommerziell einträglicheren Gattungen zu. Werfels Romane, Erzählungen und Dramen waren so erfolgreich, dass er sich und seiner Frau 1931 eine vom Wiener-Werkstätten-Architekten Josef Hoffmann erbaute Villa kaufen konnte. „Am 30. März bin ich also am Vormittag nach unsäglicher Arbeit auf der Hohen Warte eingezogen. Das Haus empfing mich mit warmen Armen […]", schreibt Alma Mahler-Werfel in ihrer 1960 erschienenen Autobiografie „Mein Leben". Im dritten Stock wurde Werfels Arbeitszimmer eingerichtet, doch obwohl er hier einige seiner erfolgreichsten Werke schuf, soll er sich in der großbürgerlichen Villa nicht wohlgefühlt haben. Ganz anders seine Frau, die von Anfang an Feste und Empfänge gab: „Trotz des ganz unfertigen Hauses wurde ich von Felix Salten gezwungen, einen großen Abend zu geben." Bald schon gingen im Döblinger Haus Literaten ein und aus: Neben Felix Salten, Gerhard Hauptmann, Hermann Broch und Thomas Mann, aber auch jüngere wie Erich Friedell, Franz Theodor Csokor und

Almas
Allerheiligstes

Villa Mahler-Werfel

XIX., Steinfeldgasse 2
U2 Schottentor,
dann Straßenbahn 37 Hohe Warte

Ödön von Horvath (siehe Seite 70), der Alma „alle Skizzen und Ideen zu neuen Stücken schickte."

Alma als Muse großer Künstler – ein Klischee, das hinlänglich bekannt ist. Als solche, aber auch als die Societylady, die sie war, ging die 1879 geborene Tochter des Malers Emil Schindler, auch in die Literatur ein. So erinnert Diotima, Verantwortliche der Parallelaktion in Musils „Mann ohne Eigenschaften" an sie. „Eine ziemlich große, allseits überquellende Frau," schreibt Elias

Leider ist die Villa Mahler-Werfel nicht zu besichtigen, denn heute befindet sich hier die Botschaft Saudi-Arabiens.

Canetti in seiner Autobiografie und benützt dabei fast die gleichen Worte wie Musil in der Beschreibung seiner Salondame. Canetti, der sich in Almas Tochter Anna verliebt hatte, zeichnet freilich anlässlich einer Schilderung seines Besuchs in der Villa Mahler-Werfel ein wenig schmeichelhaftes Bild der Mutter seiner Angebeteten: „[…] wurde ich in eine Art Allerheiligstes geführt, in dem Mammi mich empfing, […] keinen Augenblick ließ sie einen darüber im Zweifel, wer hier, wer überhaupt das wichtige war."‹

Er richtete den Blick auf die Firmenschilder ringsum, ein Stück Stadt, für das er sonst blind war, und las ‚Zum idealen Himmel'. Da trat er mit Vergnügen ein." Verständlich – denn Professor Kien, Sinologe und Bibliophiler, hat eine wochenlange Odysse durch Wiens Buchhandlungen hinter sich. Auf der Suche nach immer neuen Büchern, die seine Bibliothek ersetzen sollen, seine 25.000 Bände, darunter kostbarste Raritäten. Diese sind in seiner Wohnung verblieben, als Kien von seiner Frau Therese hinausgeworfen wurde.

Der Dichter-Himmel

Elias Canetti in Grinzing

XIX., Himmelstraße 30
U4 Heiligenstadt,
dann Bus 38A Himmelstraße

Die ehemalige Haushälterin Therese, die Kien wegen der Sorgfalt, die sie im Umgang mit seinen Büchern zeigte, geheiratet hatte, war nämlich über die wahre Vermögenslage ihres Gatten wenig erfreut... Man muss es wohl als Symtom seines immer größeren Wahnsinns lesen, dass Kien den Namen wörtlich nimmt – und für die Ironie des Autors, denn das Etablissment, in das Elias Canetti seinen Protagonisten treten lässt, ist alles andere als ein paradiesischer Ort. Erst im „idealen Himmel" zeigt sich das ganze Spektrum menschlicher Niedertracht, der Gier und des Wahnsinns, das Canetti in seinem ersten Roman „Die Blendung" entfaltet und analysiert.

Wie ein Augenzwinkern des Schicksal scheint es, dass Canetti und seine Frau Veza (siehe Seite 40) nur einen Monat, bevor der Roman 1935 erschien, in die Grinzinger Himmelstraße zogen. Dieser Zufall hat auch dem späteren Literaturnobelpreisträger gefallen. So schreibt er in „Das Augenspiel", dem dritten Teil seiner monumentalen

Autobiografie: „Die Himmelstraße [...], führte zu einer Örtlichkeit hinauf, die sich ‚Am Himmel‘ nannte und ich war über diesen Namen so belustigt, daß Veza mir Briefpapier drucken ließ, auf dem [...] als Adresse ‚Am Himmel 30‘ stand." Für die Jungvermählten begann damit aber, im Unterschied zu Kien, eine angenehme Zeit. Canetti hatte mit der „Blendung" auf sich aufmerksam gemacht, erzielte weitere literarische Erfolge, knüpfte Kontakte. Doch währte das Glück nicht lange. Wie

„Am Himmel" nennt sich eine beliebte Ausflugswiese. Von hier aus genießt man einen überwältigenden Blick über Wien. Für Kinder gibt es einen großen Spielplatz, der weite Hang und der angrenzende Wald laden zu einem Spaziergang ein. 1997 wurde ein „Baumkreis" gepflanzt, wo jedem Geburtsdatum – ähnlich wie bei den Sternzeichen – ein sogenannter Lebensbaum zugeordnet wird.

soviele bedeutende Literaten und Intellektuelle wurde das Ehepaar Canetti vertrieben. 1938 verließen sie ihr Stück Wiener Himmel und emigrierten nach England.◄

Thomas Bernhards Theaterstücke und -skandale sind untrennbar mit dem Namen Claus Peymann verbunden. Der Bremer Regisseur verstand es wie kein zweiter, deren provokatives Potential zu entfalten (siehe Seite 26). Und Bernhard, der immer wieder reale und autobiografische Geschehnisse in sein Werk einfließen ließ, setzt seine Beziehung zu Peymann wieder in Literatur um. Die öffentlichen Ärgernisse, die Peymanns Bernhard-Inszenierungen hervorriefen, hätten auch genug neuen Dramenstoff abgegeben. Doch Bernhard recycelt nicht Skandale, sondern literarisiert was davor und dazwischen kommt. Er setzt seinem Freund und Leibregisseur ein Denkmal in Dramoletteform, nicht ohne das Theatermachen selbst in seiner Theatralität zu thematisieren.

Theater auf der Wiese

Thomas Bernhards Peymann-Dramolette

XIX., Sulzwiese
U4 Heiligenstadt, dann 38A Sulzwiese

In den drei Einaktern reflektiert Peymann über Stücke, Inszenierungen, Publikum..., Bernhard entwirft dazu absurd-alltägliche Szenen. Wie sooft bei Bernhard überwiegt der Monolog. So auch im dritten Dramolette „Claus Peymann und Hermann Beil auf der Sulzwiese", worin die angebliche Angewohnheit des Dramaturgen Beil allen Äußerungen Peymanns nur „Natürlich" entgegnet zu haben, auf die Spitze getrieben wird.

Bernhards ironische Meisterschaft zeigt sich auch in der Auswahl der Schauplätze, die immer auch als Kommentar zu der sich dort abspielenden Handlung gelesen werden können. Seien sie nun bekannt, wie der Graben, wo Peymann sich die Hose kauft, oder nur Einheimischen ein Begriff, wie die Sulzwiese (siehe auch Seite 112). Auf dem

Kahlenberg gelegen, ist sie ein typisches Wiener Ausflugsziel: Die erste Regieanweisung bricht das Bild des Theateravantgardisten: „Schubertmusik von ferne. Der Burgtheaterdirektor Peymann sitzt unter einer blühenden Linde und beißt in ein großes kaltes Wiener Schnitzel." Nach einem Jahr Wien ist das Klischee Wiener Freizeitverhaltens – nicht umsonst erinnert die Szenerie an Horvath (siehe Seite 70) die Kulisse der Peymannschen Reflexionen. Und so verlassen Peymann und der Dramaturg Beil, nachdem sie ihre Schnitzel fertig gegessen haben, die Sulzwiese und passieren auf ihrem Weg auch das Krapfenwaldlbad und Grinzing – die Menge an stereotypen Wien-Kulissen karikiert im Theaterkritischen Theaterstück auch die Theaterkulisse. „...überhaupt ist Theater der Gipfel der Unsinnigkeit" lässt Bernhard Peymann sagen. Und: „... ein deutscher Regisseur in Österreich ist eine totale Verirrung."‹

Thomas Bernhard hatte testamentarisch festgelegt, dass seine Stücke nicht mehr in Österreich aufgeführt werden dürfen. Mittlerweile gestatten seine Erben aber wieder Inszenierungen und Bernhard steht auch unter neuer Direktion des Burgtheaters immer wieder auf dem Programm. Informationen zum Spielplan finden Sie unter www.burgtheater.at

Wenn ein Roman schon „Vienna" heißt, muss Wien darin zwangsläufig eine besondere Rolle spielen. Es wäre allerdings falsch, durch den Titel auf ein Wien-Buch eines englischsprachigen Autors zu schließen. Im Gegenteil: Wer Wien gut kennt, weiß sofort, dass „Vienna" hier nicht primär als Übersetzung des Stadtnamens aufgefasst wird, sondern für den traditionsreichen Fußballklub FC Vienna steht. Und so zeichnet Eva Menasse in ihrem Debütroman zwar ein facettenreiches Bild der Stadt, mit der das Schicksal ihrer Protagonisten aufs Engste verknüpft ist, die Vienna nimmt darin aber eine ebenso wichtige Stelle ein.

Wo Wien Vienna ist

Ein Fußballverein und sein Platz in der Literatur

Fußballstadion Hohe Warte
XIX., Klabundgasse
U4 Heiligenstadt

Denn der Vater der Erzählerin ist Spieler bei dem Fußballverein. Nach dem Zweiten Weltkrieg allerdings, zu einer Zeit als die Vienna noch in der ersten Liga spielte. Noch heute, wo der Klub nur noch regionale Bedeutung hat, ist die Hohe Warte ihr Heimstadion. Der Fußballplatz wird wegen seines Naturhanges für die Zuschauer – mittlerweile allerdings mit einer kleinen Metalltribüne versehen – und seiner Lage, gleich hinter dem Karl-Marx-Hof, von Fuballafinen als besonders stimmungsvoll bezeichnet. Allerdings ist es wohl weniger die schöne Atmosphäre, als der Stolz auf den Sohn, wenn es vom Großvater heißt: „Jedes Wochenende fuhr er [...] auf die Hohe Warte [...] und er war untröstlich, wenn der Verein meines Vaters zu weit weg von Wien spielte, als daß er zum Match mitreisen hätte können."
Die 1970 geborene Eva Menasse – sie ist übrigens die Halb-

schwester von Robert Menasse (siehe Seite 30) – hat in „Vienna" die Geschichte ihrer Familie fiktionalisiert. Einsetzend mit der Geburt des Vaters – der erste Satz lautet gar „Mein Vater war eine Sturzgeburt" – erzählt sie episodisch vom Leben ihres jüdischen Großvaters und dessen kühler katholischer Frau, seiner opportunistischen Schwester, den Kindern, in der Zwischenkriegszeit, nach 45. Ihr Vater und der Sport stehen in der Mitte der Erzählung. Der Vater als Glied zwischen der Generation seiner Eltern und der seiner Kinder, der Sport als zentraler Bezugspunkt der ganzen Familie: Der Großvater hat schon immer Sport aller Art geliebt und verpasst kein Spiel seines Sohnes mit der Vienna, dagegen muss sich der Bruder der Erzählerin (Robert Menasse?) von seinem Vater Frotzeleien gefallen lassen, weil er alles andere als ein Fußballtalent ist.‹

Ein weiterer Handlungsort ist das „Hinterhoflokal in der Mariahilferstraße, direkt neben dem Eingang zu einem Sex-Kino". Dort betreiben Vater und Großvater zu einer Zeit als die Mariahilferstraße noch nicht die Einkaufsstraße Wiens war, ein Ramschgeschäft für osteuropäische Sportler.

Als Thomas Bernhard 1989 starb, wurde er noch vor Bekanntgabe seines Todes im Grab seiner guten Freundin, seines „Lebensmenschen", Hedwig Stavianicek auf dem Grinzinger Friedhof beigesetzt. Das Grab (Gruppe 21, Reihe 6, Nr. 1c) ist nicht leicht zu finden. Ein kleines steinernes Rechteck, auf dem einzig der Name, nicht aber die Lebensdaten Bernhards vermerkt sind, ist in den Boden eingelassen. Anstelle der Grabplatte: Gras, ein kleiner Busch; anstelle des Steins aber ein doch auffallendes verschnörkeltes schmiedeeisernes Kreuz in Schwarz und Gold.

Wiener Montparnasse

Wo die Seelen der
Geistesmenschen ruhen

Grinzinger Friedhof
XIX., An den Langen Lüssen 33
U2 Schottentor,
dann Straßenbahn 38 An den Langen Lüssen

Paris hat mit dem Cimetière Montparnasse wohl den Friedhof mit der höchsten Dichte an Dichter- und Intellektuellengräbern überhaupt. Die Anzahl an auf dem Grinzinger Friedhof bestatteten Künstlern nimmt sich dagegen natürlich gering aus, dennoch könnte man ihn eine Wiener Miniaturausgabe des Pariser Friedhofs nennen. Denn für seine relative Kleinheit wurde der Grinzinger Friedhof für auffallend viele Schriftsteller und Künstler zur letzten Ruhestätte. (In absoluten Zahlen gemessen, liegen natürlich mehr auf dem Zentralfriedhof begraben, der ist jedoch mit zweieinhalb Millionen Quadratmetern über 50 Mal so groß.)

Oder wie Bernhard es selbst in „Heldenplatz" (siehe Seite 26) ausgedrückt hat: „... auf dem Grinzinger Friedhof liegen die österreichischen Geistesmenschen begraben." Zu denen gehört, neben Bernhard selbst, Heimito von Doderer.

Seine Frau Maria liegt mit ihm in einem Ehrengrab der Stadt Wien (10, 2, 1): Schlichter weißer Marmor, goldene Lettern, der Grabschmuck: ein kleiner Nadelbaum. Oder Gustav Mahler (6, 1, 1) und seine Frau Alma Mahler-Werfel (6, 7, 6). Nicht ganz so bekannt sind der expressionistische Dichter Richard von Schaukal (4, 23) und

> *Nicht weit vom Grinzinger Friedhof befindet sich eine ehemalige Wohnung Thomas Bernhards: Obkirchergasse 3 (Straßenbahn 38 Friedlgasse).*

der Arbeiterliterat Josef Luitpold Stern (21, 5, 13). Auf einem Spaziergang durch die auf einem Hang angelegte Begräbnisstätte, die auch eine sehenswerte barocke Friedhofskirche aufweist, stößt man auf weitere bekannte Namen. Man sollte sich aber nicht täuschen lassen: So war Alexander Sacher-Masoch (20, 5, 16) zwar ebenfalls Schriftsteller, ist aber nicht identisch mit Leopld von Sacher-Masoch, auf den und dessen Text „Venus im Pelz" der Begriff „Masochismus" zurückgeht.◄

D er arme Spielmann" ist eine von nur zwei Erzählungen, die der große Dramatiker Franz Grillparzer geschrieben hat. Darin lässt er den alten Jakob zu Wort kommen, der davon berichtet, wie er zum titelgebenden verarmten Geiger wurde. Eingerahmt ist diese Geschichte vom Bericht einer Schriftstellerfigur, einer autobiografischen Projektion Grillparzers, die erzählt, wie sie auf den merkwürdigen Spielmann aufmerksam wurde und ihn schließlich dazu gebracht hat, sein Leben noch einmal zur referieren. Jakob ist nämlich der einzige Straßenmusikant, der den Brigittenkirchtag verlässt, bevor dieser und die Freigiebigkeit der Menschen noch richtig angefangen haben. Der eigenwillige Spielmann kann als Metapher für den Künstler in der Epoche des Vormärz gelesen werden, Grillparzer zeichnet mit der Beschreibung des Kirtags aber auch ein aufschlussreiches Bild des Wiener Lebens in der

Der Geiger und die Heilige

Franz Grillparzers

„Der arme Spielmann"

Brigittakapelle
XX., Forsthauspark
U6 Handelskai,
dann Autobus 11A Forsthausgasse

ersten Hälfte des 19. Jahrhunderts: „Von Brigittenkirchtag zu Brigittenkirchtag zählt seine guten Tage das arbeitende Volk [...] Da entsteht Aufruhr in der gutmüthig ruhigen Stadt. Geräusch von Fußtritten, Gemurmel von Sprechenden, das hie und da ein lauter Ausruf durchzuckt. Der Unterschied der Stände ist verschwunden." Bis zu achtzigtausend Menschen sollen am „Sonntag nach dem Vollmonde im Monat Juli jedes Jahres" dem Treiben beigewohnt haben. Eigentlicher Anlass der Feierlichkeiten war freilich weniger das Amusement der Wiener als das Fest der heiligen Brigitta:

Wie die Legende geht, entging hier Erzherzog Leopold Wilhelm während der Belagerung durch die Schweden knapp einer Kanonenkugel. Als Dank wurde der, aus dem schwedischen Königsgeschlecht stammenden Brigitta 1645 in der damals noch „Wolfsau" genannten Gegend eine Kapelle errichtet. Heute ist von der Aulandschaft, in der sich die bezaubernde Barockkapelle von Filiberto Lucchesi ursprünglich befand, nur noch ein bisschen Gründer Forsthauspark – geblieben: Die Brigittenau ist zum Wohnbezirk geworden.

Es gibt wahrscheinlich keinen anderen Schriftsteller, der in Wien mit so vielen Gedenktafeln geehrt wird, wie der 1872 verstorbene Franz Grillparzer: Grund dafür sind seine zahlreichen Wohnortswechsel. Wer mit offenen Augen durch den ersten Bezirk spaziert wird leicht einige entdecken! Zum Beispiel an seinem Geburtshaus am Bauernmarkt 10. Ebenso sehenswert ist natürlich das Grillparzer-Denkmal im Volksgarten und das Grillparzer-Zimmer im Wien Museum Karlsplatz!

Und auch das Volksfest gibt es nicht mehr: Im Revolutionsjahr wurde den Behörden das Treiben zu viel und der Brigittenkirchtag wurde verboten. Es war das Erscheinungsjahr von Grillparzers Erzählung.◄

"Gehen" hat Thomas Bernhard eine 1971 erschienene Erzählung genannt und damit eine Tätigkeit, die so selbstverständlich ist, dass man scheut sie überhaupt eine Tätigkeit zu nennen, zum narrativen Kern und Gegenstand der Reflexion gemacht. Während eines Spaziergangs reflektiert Oehler über seinen Freund Karrer, mit dem er immer montags in westlicher Richtung über die Klosterneuburgerstraße gegangen ist. Auf einem dieser Spaziergänge ist Karrer verrückt geworden. Jetzt ist er in Steinhof, in der psychiatrischen Klinik und der namenlose Erzähler, der bisher nur als Partner des mittwöchlichen Gangs gen Osten fungierte, muss für ihn einspringen. Thomas Bernhard hat

Der Gang über die Brücke

Thomas Bernhards Erzählung „Gehen"

XX., Klosterneuburgerstraße,
IX., Franz-Josefs-Bahnhof, Alserbachstraße
U4 Friedensbrücke

„Gehen" als einen Monolog dieses Oehlers gestaltet, allerdings gebrochen wiedergegeben durch den Erzähler. „Wir haben immer gedacht […], wir können Gehen und Denken zu einem einzigen totalen Vorgang machen auch für längere Zeit", sagt Oehler. Der ununterbrochene Redefluss des Protagonisten spiegelt seine Bewegung, den Rhythmus seiner Füße.

Die immergleiche Gehroute führt die Geher von der Alserbachstraße über den Franz-Josefs-Bahnhof und das „Modehaus Eisenbahner" – bis Ende 2007 exisitierte das Geschäft mit dem kuriosen Namen! –, über die Friedensbrücke und schließlich bis zur Klosterneuburgerstraße – oder eben umgekehrt. Diese Orte und Straßen werden nicht beschrieben, sie tauchen vielmehr in Oehlers Redefluss auf und skizzieren den Weg. Ein Weg der sich in den knapp 40 Jahren seit dem

Erscheinen von „Gehen" verändert hat: Der alte Franz-Josefs-Bahnhof ist dem neuen gewichen, der Park in der Klosterneuburgerstraße exisitiert nicht mehr. Vor allem die Bewohner, besonders auf der 20. Bezirk-Seite, sind andere: Sind es in „Gehen" noch hauptsächlich überaltete Klein-bürger – Intellektuelle am Rande des Nervenzusammen-bruchs nicht zu verges-sen –, leben heute sehr viele türkischstämmige Menschen hier. Ähnlich dem Grätzel rund um den Brunnenmarkt in Ottakring, hat sich um den Hannovermarkt ein multikulturelles Viertel entwickelt. Zwischen traditionellen oder zu-mindest urigen Wiener Beisln, wie das Gasthaus Obenaus, wo Oehler und Karrer manchmal ein Nachspaziergangsbier getrunken haben, wird levantinische, polnische, türkische und serbische Küche geboten; neben Billa und Hofer hat der türkische Supermarkt „Etsan" zwei Filialen, die „Zuckerltante" lockt ebenso mit Süßem wie die orienta-lische Bäckerei „Prenses".◄

Die psychiatrische Anstalt am Steinhof – als Karrers nunmeh-riger Aufenthaltsort, der zweite wichtige lokale Bezugspunkt in „Gehen" – ist Schauplatz auch eines weiteren Bernhardschen Werks: „Wittgensteins Neffe" erzählt von Paul Wittgenstein, der ebenfalls Patient der Psychi-atrie war. Bernhard hatte ihn im Krankenhaus kennengelernt – allerdings war der Autor zur Behandlung seiner Lungenkrank-heit dort.

Mit Gespür für aussagekräftige Geschichten und exemplarische Figuren wusste Joseph Roth, von seiner Zeit zu erzählen. Und seine schriftstellerischen Verarbeitungen der Habsburgermonarchie gehören wohl zum meist Gelesenen der österreichischen Literatur der ersten Hälfte des 20. Jahrhunderts. Wien spielt demnach eine bedeutende Rolle im Werk des Autors – der Titel der „Kapuzinergruft" (siehe Seite 22) zeigt dies schon an. Ob „Hiob"„Radetzkymarsch" oder „Der stumme Prophet" –

Zwischen Rio und Riviera

Joseph Roths Kagran

XXII., Copa Kagrana
U1 Kaisermühlen – VIC

bekannt ist Roth vor allem als Romancier, dass er auch journalistisch tätig war, ist weniger geläufig. Dabei schrieb Roth zeit seines Lebens politische Kommentare und Artikel fürs Feuilleton österreichischer, deutscher und tschechischer Zeitungen. Besonders seine feuilletonistischen Arbeiten stehen den literarischen Hauptwerken in nichts nach. Er kommentiert darin Alltag und Umgebung, seine Beobachtungen sind genau, pointiert und nicht immer zimperlich. So schreibt er in dem unter dem Pseudonym „Josephus" am 16.7.1923 in der „Wiener Sonn- und Montagspost" erschienenen Text über das nördliche Donauufer: „An diesem Strande kampieren [...] hunderte Proletarier Familien mit Kindern, Hunden, Wagen, Wiegen [...]" Und ironisch hält er fest: „... jenseits der Reichsbrücke, halten die unbemittelten Menschen ihren Rivierasommer ab. [...] Wenn man das phantasiebegabte Auge zusammenkneift [...] kann man den ewigen Wogenschlag des Meeres beobachten." Roth zeichnet ein trauriges Bild der Badenen: Oft arbeitslos, immer arm, versuchen sie im transdanubischen Auland durch Wasserspiele und laute Musik ihr Elend zu vergessen. Manche ziehen sogar mickriges Gemüse neben dem Strand. Heute schaut es da natürlich ganz anders aus... Zumindest Kohl und Kraut sind vom Kagraner Ufer verschwunden und die kleinen Hütten armer Familien sind Lokalen und Sportclubs gewichen.

Doch laute Musik ist an heißen Sommertagen noch immer zu hören – wenn es auch nicht Wagner aus einem Grammophontrichter ist. Und das Kampieren mit Kind, Kegel, Kotlett und Köter ist heute auch keine Seltenheit. Naja, und

Eine Gedenktafel erinnert in der Wallensteinstraße 14 im 20. Bezirk an Joseph Roth. Hier hatte er während seiner Studienzeit gewohnt.

der Name, den Roth diesem Ort gab hat sich auch nur graduell verändert: Heute kennt man ihn statt als „Riviera in Kagran" als „Copa Kagrana". So also holt die Globalisierung auch Wiener Strände ein!?‹

Als postmoderne Variante des Genres „Großstadtroman" könnte „Die Arbeit der Nacht" von Thomas Glavinic bezeichnet werden: In dem 2006 erschienenen Roman schildert er Wien. Gebäude, Wege, Straßenzüge, Sehenswürdigkeiten. Fast könnte man einen Stadtplan danach zeichnen, so genau und sachlich korrekt. Diese nüchterne Beschreibung hat einen Grund: Anders als in den Großstadtromanen eines Döblin oder Dos Passos', wo die Stadt nur durch die Menschenmassen, deren Teile, gerade durch die vereinzelnden wie kollektivierenden Kräfte der Metropole ihrer Protagonistenrolle enthoben sind, selbst zur Protagonistin werden kann, ist das Wien des 1972 geborenen Glavinic, verlassen.

Allein in Wien

...und auf der Welt

Donauturm
XXII., Donauturmstraße 4, Donaupark
U1 Kaisermühlen / VIC,
dann Autobus 20B Donauturm

Wien ist verlassen, kein Mensch lebt hier mehr, sowenig wie woanders auf der Welt. Mit einer Ausnahme: Jonas. Am 4. Juli ist er in seiner Wohnung auf der Brigittenauer Lände aufgewacht und hat vergeblich auf den 39A und eine SMS von seiner Freundin gewartet, hat sein Büro leer vorgefunden, den Supermarkt, alles. In den nächsten Wochen sucht er; vielleicht ist er doch nicht ganz alleine... Galvinic schickt seinen Protagonisten auf den Donauturm: Hochgelegene Orte sind natürlich besonders geeignet, um Zeichen zu hinterlassen – bis zur Errichtung des Milleniumstowers war der 1964 für die Wiener Gartenschau errichtete Donauturm, mit 220 Metern immerhin die höchste künstliche Erhebung Wiens. Hier holt Jonas auch die Erinnerung an seine Freundin ein: „Oft war er mit Marie hergekommen, die die Aussicht liebte und besonders die Kuriosität, daß sich das Café langsam um den Turm herum drehte." Jonas schreibt auf die zusammengeknoteten Tischtücher, hängt sie aus dem Fenster. Einmal haben sie erfahren, dass die Dauer einer Rotation auf lediglich elf Sekunden reduziert werden könne. „Er drehte den Regler so lange weiter, bis dieser endgültig anstieß […] Ohne nach oben zu schauen, lief er zum Auto. Erst nachdem er einige hundert Meter gefahren war, blickte er zurück. Das Café rotierte um den Turm. Die Tuchfahne flatterte daran. Mit der weithin lesbaren Aufschrift: UMIROM." Er hat das Wort geträumt, es wird entscheidend sein.◂

Die Aussichsterrasse des Donauturms in 150 Meter Höhe ist täglich von 10–24 Uhr zugänglich. Café und Restaurant sind ebenfalls bis Mitternacht geöffnet. Gerade bei Nacht ist der Rundumausblick – knapp eine Stunde dauert eine Umdrehung – sehenswert.

R eißerisch, für das Objekt der Betrachtung deshalb aber eigentlich ganz passend, könnte man sagen: Was zur Jahrhundertwende und in den 1920er-Jahren das Kaffehaus, war zwischen 1914 und 1918 das Kriegspressequartier: Bevorzugter Aufenthaltsort der österreichischen Schriftsteller.

Pläne zur Schaffung einer Abteilung, die im Fall eines Krieges mit der Propaganda- Entschuldigung! Pressearbeit betraut werden sollte, gab es beim k.u.k.-Militär schon lange. So sollte Journalisten die Kriegsberichterstattung erleichtert und gleichzeitig der Informationsfluss unter Kontrolle gehalten werden. Um unerwünschte Berichterstattung zu erschweren, durfte das Pressequartier weder zu nah an der Front, noch zu nah am Armeekommando aufgeschlagen werden. Veränderungen des Kampfschauplatzes zogen also Umzüge der Reporter nach sich. 1916 wurde dann dem Kriegspressequartier sein endgültiger Standort zugewiesen.

Literarisches Kriegs- quartier

Poetische Propaganda-Arbeit
in Rodaun

Kriegspressequartier (ehem.)
XXIII., Ketzergasse 473
U4 Hietzing,
dann Straßenbahn 60 Rodaun

Und der befand sich nun nicht nur fernab von der Front, sondern im hintersten Hinterland, in Rodaun. Am Ende der langen, langen Ketzergasse. Heute stehen hier einige einfache Wohnhäuser aus den 50er-Jahren.

Das anfängliche Organisationschaos verwandelte sich schnell in einen – Robert Musil würde sagen: typisch kakanischen – Bürokratieapparat. Zig Unterabteilungen benötigten Redakteure, um Durchhalteparolen in allen Sprachen der Donaumonarchie zu formulieren. Schriftsteller, die die Propaganda verpacken konnten, waren natürlich willkommen ebenso wie die Arbeit in diesem letzten Winkel Wiens eine willkommene Alternative zum gefährlichen Fronteinsatz war. Manche Schriftsteller hatten davor schon als Journalisten gearbeitet, wie Alexander Roda Roda, der für die „Neue Freie

> *Auch Hugo von Hofmannsthal versah Dienst im Kriegspresse-quartier. Umso bequemer für ihn, als er gleich nebenan in der Ketzergasse 471 – im heute nach im benannten Hofmannsthal-Schlössl – wohnte!*

Presse" in Rodaun arbeitete oder Felix Salten. Andere ließen ihre Beziehungen spielen, um nicht kämpfen zu müssen: Rainer Maria Rilke, zum Beispiel, der trotz seiner TBC-Erkrankung für tauglich befunden worden war. Seine Gönnerin Marie von Thurn und Taxis verschaffte ihm einen Posten im Kriegspressequartier. Auch Stefan Zweig, Egon Erwin Kisch und Franz Theodor Csokor arbeiteten eine Zeit lang in Rodaun. Robert Musil, der vor dem Krieg für die Berliner „Neue Rundschau" gearbeitet und bis 1917 die „Tiroler Soldaten-Zeitung" gestaltet hatte, fungierte im letzen Kriegsjahr gar als Redakteur und Herausgeber des Propaganda-Blattes „ Heimat".

Als Schauplatz der „Letzten Tage der Menschheit" hat das Kriegspressequartier durch den kritischen Kriegs-Chronisten Karl Kraus schließlich auch Eingang in die Literaturgeschichte gefunden.◄

Ortsregister

Personenregister

Verzeichnis der zitierten Werke

Die Angst des Tormanns beim Elfmeter, Frankfurt a. M. 1970, v. Peter Handke
Die Arbeit der Nacht, München 2006, v. Thomas Glavinic
Der arme Spielmann, Budapest 1848, v. Franz Grillparzer
Das Augenspiel, Autobiografie, Zürich 1985, v. Elias Canetti
Der Aufstieg, München 1920, v. Gina Kaus
Die Ausgesperrten, Reinbeck 1980, v. Jelinek, Elfriede
Eine blaßblaue Frauenschrift, Buenos Aires 1941, v. Franz Werfel
benützer des haues (stanzen zur eröffnung des literaturhauses in wien am 30. september 1991) in: stanzen, Hamburg 1992, v. Ernst Jandl
Die Blendung, Wien 1936, v. Elias Canetti
Der böse Geist des Lumpazivagabundus, Wien 1833, v. Johann Nepomuk Nestroy
botanischer garten, wien, in: die bearbeitung der mütze, München 1997, v. Ernst Jandl
Claus Peymann und Hermann Beil auf der Sulzwiese. In: Claus Peymann kauft sich eine Hose und geht mit mir essen. Frankfurt a. M. 1990, v. Thomas Bernhard
Die demolirte Literatur, Wien 1897, v. Karl Kraus
Der dritte Mann, Zürich 1951 (Original: The third man, London 1950), v. Graham Greene
Es geht uns gut, München 2005, v. Arno Geiger
Ewigkeitsgasse, Wien 1996 (O: The Forever Street, New York 1984)
Die Fackel im Ohr, Autobiografie, Zürich 1980, v. Elias Canetti
Die Front des Lebens, Wien 1928, v. Gina Kaus
frühe übung einem einen wichtigen sachverhalt einzuprägen, in: Gesammelte Werke Bd. 3, Darmstadt 1985, v. Ernst Jandl
Gebürtig, Frankfurt a. M. 1992, v. Robert Schindel
Gehen, Frankfurt a. M. 1971, v. Thomas Bernhard
Die Gelbe Straße, München 1990, v. Veza Canetti
Geschichten aus dem Wiener Wald, Berlin 1931, v. Ödön v. Horvath
Heldenplatz, Frankfurt a. M. 1988, v. Thomas Bernhard
Huschhusch ins Korb!, in: Wien und seine Kaffeehäuser, München 1997, v. Elfriede Jelinek
Ich erlebte 50 Jahre Weltgeschichte, Stockholm 1939, v. Zuckerkandl-Szeps, Bertha
Jacquingasse, in: Gesammelte Prosa 1949-1975, Frankfurt a. M. 1989, v. Friederike Mayröcker
Jessica, 30, Frankfurt a. M. 2004, v. Marlene Streeruwitz
Josefine Mutzenbacher: Roman einer Wiener Dirne, von ihr selbst erzählt. Wien, 1906 (Jetzt: Hrsg. v. Oswald Wiener, München 1969), v. Felix Salten
Einen Jux will er sich machen, Wien 1842, v. Johann Nepomuk Nestroy
Kaffeehaus, Nachtcafé, Regeln für meinen Stammtisch, jetzt in: Wiener Geschichten, Frankfurt a. M. 1995, v. Peter Altenberg
Die Kapuzinergruft, Bilthoven 1938, v. Joseph Roth
Die Klavierspielerin, Reinbeck 1983, v. Elfriede Jelinek
Lasst die Bären los, Zürich 1985, (O: Setting free the bears, New York 1968), v. John Irving
Die letzten Tage der Menschheit, Wien 1922, v. Karl Kraus
Leutnant Gustl, Berlin 1901, v. Arthur Schnitzler
Maikäfer flieg!, Weinheim 1973, v. Christine Nöstlinger

Malina, Frankfurt a. M. 1971, v. Ingeborg Bachmann
Der Mann ohne Eigenschaften, Berlin 1930, v. Robert Musil
Masse und Macht, Hamburg 1960, v. Elias Canetti
das märchen von den bildern, in: der sechste sinn, Reinbeck 1966, v.
    Konrad Bayer
med ana schwoazzn dintn, Salzburg 1958, v. H. C. Artmann
Mein Leben. Biographie, Frankfurt a. M. 1960, v. Alma Mahler-Werfel
Mephistowalzer – Erzählungen, Berlin 2005 (O: Vals de Mefisto, Mexi-
    co 1989), v. Sergio Pitol
Die morawische Nacht, Frankfurt a. M. 2008, v. Peter Handke
New York. New York, Frankfurt a. M. 1993, v. Marlene Streeruwitz
Ödön von Horvath: Geschichten aus dem Wiener Wald. In: Darstel-
    lungen von
Darstellungen, Reinbeck 1956 (Jetzt: Kleine Schriften V/I, Reinbeck
    1985), v. Alfred Polgar
Öffentlichkeit und Charakter. In: Öffentlichkeit und Charakter, Wien
    2000, v. Peter Rosei
Ohnehin, Frankfurt a. M. 2004, v. Doron Rabinovici
Österreich intim, Frankfurt a. M. 1970, v. Zuckerkandl-Szeps, Bertha
Riviera in Kagran, Wien 1923 (in: Das journalistische Werk , Köln
    1989), v. Joseph Roth
Reigen, Wien (Selbstverlag) 1900, v. Arthur Schnitzler
Schöner Garten schöner Träume, in: Gesammelte Prosa 1949-1975,
    Frankfurt a. M. 1989, v. Friederike Mayröcker
Selige Zeiten, brüchige Welt, Salzburg 1991, v. Robert Menasse
Die Sonnenfinsternis am 8. July 1842, Wien 1842, v. Adalbert Stifter
Die Strudelhofstiege, Wien 1951, v. Heimito von Doderer
Der Talisman, Wien 1840, v. Johann Nepomuk Nestroy
Die Taxusbäume im Eis: Wände verlorener Sänger schwarz in blau, in:
    Tod durch Musen. Poetische Texte. Darmstadt 1973, v. Friederike
    Mayröcker
Ungeduld des Herzens, Stockholm 1939, v. Stefan Zweig
Venus im Pelz, Wien 1870, v. Leopold von Sacher-Masoch
Die Verhaftung des Johann Neopmuk Nestroy, München 1998, v. Peter
    Turrini
Die Vermessung der Welt, Reinbeck 2005, v. Daniel Kehlmann
versuch über das hawelka, In: Café Hawelka. Ein Wiener Mythos, Wien
    1982, v. Friedrich Achleitner
Vienna, Köln 2005, v. Eva Menasse
Die vierzig Tage des Musa Dagh, Berlin 1933, v. Franz Werfel
Von Wien nach Hollywood, Frankfurt a. M. 1990, v. Gina Kaus
Die Wasserfälle von Slunj, Wien 1963, v. Heimito von Doderer
Die Welt von Gestern, Wien 1948, v. Stefan Zweig
Wenn Engel Zähne zeigen, Wien 1995 (O: From the teeth of angels, New
    York 1994), v. Jonathan Carroll
Wie die Tiere, Reinbeck 2001, v. Wolf Haas
Wiener Passion, Köln 1999, v. Lilian Faschinger
Wittgensteins Neffe, Frankfurt a. M. 1982, v. Thomas Bernhard
Worte in Versen, München 1959, v. Karl Kraus
Wurstelprater, m. Fotografien v. Emil Mayer, Wien 1911, v. Felix Salten
Der Zerrissene, Wien 1844, v. Johann Nepomuk Nestroy
Zwei Wochen im Mai, Weinheim 1981, v. Christine Nöstlinger

In der Reihe *wienfacetten*
bisher erschienen:

Böhmisches Wien

Orientalisches Wien

Wien und der Tod

Design & Wien

Wiener Höhepunkte

Italienisches Wien

Wiener Frauenspaziergänge

Kaiser, Macht und Kirche in Wien

Wiener Orte der Stille

Wiener Hotels mit Charme

Wien und die Kinder

Wiener Walzer, Tango, Cha-Cha-Cha

Wien und die Musiker

Wien und die Hunde

Jüdisches Wien

Wiener Nixen, Zillen, blaue Donau

An unsere Leserinnen und Leser

Alle Informationen in diesem Buch wurden von Autorin und Lektorat sorgfältig geprüft und stammen aus sicheren Quellen. Trotzdem können sich Änderungen ergeben, und inhaltliche Fehler oder Auslassungen sind nicht völlig auszuschließen. Für eventuelle Fehler können die Autorin, der Verlag und seine Mitarbeiter keinerlei Verantwortung und Haftung übernehmen.
Ihre Meinung ist uns jedoch wichtig, daher freuen wir uns über Rückmeldungen, Ergänzungsvorschläge, Tipps und Korrekturen. Schreiben Sie uns an: info@metroverlag.at

wienfacetten-Führer gehen immer von konkreten Orten aus, zu denen es einen thematischen Bezug gibt. Jeder Ort wird daher mit seiner Adresse, Telefonnummer und wenn vorhanden der Homepage angeführt. Bei allen Orten weisen wir auf die günstigste öffentliche Verkehrsverbindung hin. In den umrahmten Kästchen finden Sie Zusatzinformationen, Tipps und Hinweise zu besonderen Details am jeweiligen Ort. Da die Aufnahme sämtlicher thematischer Bezüge den Rahmen der Reihe sprengen würde, konzentrieren wir uns hier auf 64 ausgewählte Tipps.

Anna Lindner, geboren 1984 in Wien, studiert Vergleichende Literaturwissenschaften in Wien und arbeitet im Verlagswesen.